Dr. Angela Fetzner

Licht und Schatten - Erfahrungen einer verlagsunabhängigen Autorin

BOOKS on DEMAND

Qualität & Kompetenz
im Zeichen des Mörsers
von Ihrer Apothekerin

Dr. Angela Fetzner

Licht und Schatten - Erfahrungen einer verlagsunabhängigen Autorin

Von
Dr. Angela Fetzner

Bibliografische Information
der Deutschen Nationalbibliothek
Die Deutsche Nationalbibliothek verzeichnet
diese Publikation in der Deutschen National-
bibliografie; detaillierte bibliografische Daten
sind im Internet über http://dnb.dnb.de abrufbar.

2. Auflage 2015,2017

Herstellung und Verlag: BoD
                             Books on Demand,
                             Norderstedt
Umschlaggestaltung: Michael Raab
Foto: © privat

Lektorat: Erika Kexel
Korrektorat: Johann Josef Merle
Buchsatz: Michael Raab
Gesetzt in: Palatino   11pt
                             Calibri   11pt

ISBN 9783744833417

Inhaltsverzeichnis

Niemals zuvor war es einfacher, ein Buch zu veröffentlichen…

Dieses Buch gibt die ganz persönlichen Erfahrungen der Autorin mit ihrer Schreibtätigkeit wieder. Es wirft einen schonungslos offenen Blick hinter die Kulissen des Buchmarkts, ferner wird verraten, welche Vorteile und Möglichkeiten das Selfpublishing bietet, weiter wie Verlage arbeiten, welche Rolle Rezensionen spielen usw. Ferner werden die teils betrügerischen Machenschaften einiger Autoren aufgezeigt – hier wird schonungslos die schöne Fassade gehoben. Das Buch richtet sich nicht nur an Autoren sowie solche, die es werden wollen, sondern auch und vor allem an alle Leser, welche die ungeschminkte Wahrheit über die Autorengilde lesen wollen.

„In gewohnt offener und ehrlicher Weise schildert Dr. Angela Fetzner ihren persönlichen Weg als Autorin. Insbesondere werden einigen Autoren in schonungsloser Weise die Leviten gelesen". (Gabriele W.)

„Wer den Buchmarkt nicht kennt, wird von diesem Buch sicherlich überrascht, vielleicht auch geschockt sein. Denn hier ist dann zu lesen – wie in allen Büchern der Autorin – die ungeschminkte Wahrheit". (Klaus R.)

Das Leben eines Bestsellerautors...

Berühmt und geachtet, reich wie Onassis, alles zum Greifen nahe und nur einen Steinwurf entfernt. Endlich dem tyrannischen und launischen Chef den Bettel hinschmeißen, mit einem triumphierenden „Tschüss Chef" kündigen, fortan frei sein, frei wie ein Vogel. Wer träumte nicht davon? Keinen streng reglementierten Arbeitsalltag mehr, kein nine to five, stattdessen ganz nach Gusto als freier Autor leben - ein wenig auf der Tastatur des Computers klappern, um sich dann wieder anderen schönen Dingen wie Reisen, Sport usw. zu widmen…

…Bestsellerautor zu werden – so suggerieren unzählige Ratgeber – ist ein Spaziergang, wenn man nur die entsprechenden Erfolgsrezepte und Geheimnisse kennt. Und genau in diese Geheimnisse will Sie der entsprechende Autor einweihen…

…wie dagegen die Realität – die ungeschminkte Wahrheit aussieht – das verrät Ihnen die Autorin in diesem Buch anhand einer Auswahl ihrer persönlichen Erlebnisse.

Prolog

Ist es wirklich mein Wunsch, mein aufrichtiger Wunsch, dass dieses Buch gelesen wird? Soll ich es also, dieses Buch, auf den Markt werfen oder soll es lieber irgendwo auf meinem Computer versumpfen und dort ein kümmerliches Dasein fristen? Ja, warum schreiben Sie dieses Buch dann überhaupt, wenn Sie nicht wollen, dass es gelesen wird, so werden Sie mir vielleicht entgegnen. Jeder Autor möchte doch, dass seine Worte gelesen werden, dass diese das Licht der Welt erblicken. Und jeder Autor freut sich doch, wenn seine Zeilen gelobt oder notfalls auch verrissen werden – Hauptsache, diese finden Beachtung. Vielleicht verhält es sich mit diesem Buch aber – so antworte ich Ihnen - eher wie mit einem Tagebuch, in das man am Ende eines Tages seine Erfahrungen und Erlebnisse schreibt und von dem man nicht wirklich wünscht, dass es jemand liest.

Nein, man wünscht nicht nur, dass dieses Tagebuch nicht gelesen wird, man schließt es sogar weg, aus Scham oder Furcht. Warum stellt sich diese Frage überhaupt, werden Sie vielleicht genervt fragen. Haben Sie denn etwas zu verbergen oder irgendetwas so Geheimnisvolles, Skandalöses oder Aufregendes zu berichten, dass Sie zögern, dieses zu veröffentlichen? Und was sollte das denn bitteschön sein? Es gibt doch schließlich nichts mehr, über das noch nicht geschrieben worden wäre und schon gar nichts, was den Leser noch schockiert. Skandale und Skandälchen sind doch an der Tagesordnung, diese beflügeln und versüßen den grauen Alltag. Was wollen Sie denn da noch erzählen, winken Sie möglicherweise ab. Die Menschen sind doch alle abgebrüht, und abgestumpft. Bücher und Filme über Sex in jeder Variante, Tabubrüche, ja sogar Motive des Ekelhaften. Das alles kann allenfalls noch ein müdes Achselzucken auslösen. Also worum geht es nun in Ihrem Buch? Heraus mit der Sprache!

Die Wahrheit über Selfpublishing

Die Wahrheit, antworte ich Ihnen. Aber will die Wahrheit überhaupt jemand hören bzw. lesen? Die Wahrheit deprimiert doch nur und für viele Ohren klingen süße Lügen lieblicher als die schnöde Wahrheit.

„Sie sind zu ehrlich" hatte seinerzeit mein erster Chef nach dem Studium zu mir gesagt. Zu ehrlich? – so dachte ich damals – was soll denn das bedeuten, man muss doch ehrlich sein – so zumindest war mein Verständnis, in jenen Tagen. Mit der Zeit habe ich natürlich gelernt, dass Lügen – insbesondere auch das Sich-Selbst-Belügen – sowohl im Privat- als auch im Berufsleben zur Tagesordnung gehören und die Mehrzahl der Menschen auch überhaupt kein Problem damit hat. Neulich habe ich sogar gelesen – man mag es kaum glauben – dass Lügner auf andere Menschen sympathischer wirken als solche Menschen, welche die Wahrheit geradeheraus sagen. Weiter stand in dem Artikel, dass man mit Lügen im Leben mehr erreicht und besser durchs Leben kommt, da man sich mit zu viel Ehrlichkeit nur selbst schadet. Dennoch bin ich der felsenfesten Überzeugung, dass Wahrheit nicht beliebig ist und sich nicht nach Gusto zurechtstutzen lässt – und dass sich die Wahrheit immer – früher oder später – ihren Weg ans Licht bahnt.

Und so ist es auch mein persönliches Credo, dass eine Wahrheit, und sei sie noch so schmerzlich, in jedem Fall besser ist als eine Lüge.

Und auch auf die Gefahr hin, Nachteile in Kauf nehmen zu müssen, fühle ich mich der Wahrheit verpflichtet, mit allen Konsequenzen. Weiter gibt es Menschen, die zwar nicht lügen, aber ebenso wenig ihre eigene Meinung kundtun, diese Menschen verhalten sich stets opportunistisch und gesinnungslos. Sie beziehen keine Stellung, nicht für und nicht gegen eine Sache. Nach dem Motto *„Was interessiert mich mein Geschwätz von gestern"* (**Konrad Adenauer**) reden sie heute so, morgen so. Aalglatt. Ideale längst verkauft. Bevor solche Menschen aus dem Haus gehen, setzen sie gewissermaßen eine Maske auf, um nicht durchschaut zu werden. Gleichsam Pippi Langstrumpf machen sie sich ihre Welt, wie sie ihnen gefällt. Jedoch Mut zur Wahrheit haben, nicht everbody's darling sein wollen, das ist meine persönliche Maxime. Ich will nicht zwischen den Stühlen sitzen, will mein Fähnchen nicht nach dem Wind drehen. Ich möchte zu meinen Meinungen stehen können, heute, und auch noch morgen.

Und so werde ich Ihnen in diesem Buch von meinen persönlichen Erfahrungen erzählen, die ich im sogenannten Selfpublishing-Bereich – d. h. mit der eigenen Herausgabe von Büchern ohne Verlag – gemacht habe.

Licht und Schatten

Dieses Buch ist allerdings kein Ratgeber zum Schreiben oder Vermarkten von Büchern im üblichen Sinn und auch keine Anleitung zum Selfpublishing - auch wenn ich Ihnen in diesem Buch einige Tipps zur Veröffentlichung von Büchern geben werde - denn möglicherweise haben auch Sie vor, ein Buch zu veröffentlichen. Ich spreche aber an dieser Stelle bewusst von Tipps, nicht von Ratschlägen, denn ich sehe mich nicht in der Person eines Ratgebers oder Mentors, da ich selbst erst seit einigen Jahren Bücher schreibe und vermarkte – außerdem kommt kein Autor umhin, selbst seine ureigenen Erfahrungen mit dem Schreiben und Vermarkten seiner Bücher zu machen, diese Erfahrungen sind sicherlich nicht zuletzt auch vom Genre abhängig, in dem man schreibt. Und obwohl ich mittlerweile mit meinen Büchern einen einigermaßen erträglichen Erfolg aufweisen kann, würde ein Marketingexperte angesichts meiner kaum vorhandenen Marketingaktionen sicherlich den Kopf schütteln und mir sagen, dass ich alles falsch mache, und dass ich viel mehr Erfolg haben könnte, wenn ich einen Marketingexperten an meiner Seite wüsste.

Jedoch ist der sprichwörtliche Stein der Weisen noch immer nicht gefunden, und es ist nach wie vor ein Geheimnis, wie man den ultimativen Bestseller landet – allen Ratgebern zum Trotz, wie man Bestsellerautor wird und wie man in kürzester Zeit die große Kohle scheffelt.

Denn wäre dies der Fall, wären alle Autoren mit einem Schlag wohlhabend und berühmt.

Daher möchte ich also keine allgemeinen Phrasen dreschen oder die ultimativen Ratschläge verteilen - denn jeder Autor oder wer auch immer es werden möchte, muss seinen eigenen Weg gehen. Denn Wege entstehen bekanntlich nur, indem man diese geht. Und Erfahrungen kann man sich auch nicht anlesen oder lernen, man kann diese nur selbst machen. So enthält dieses Buch also vielmehr - wie bereits gesagt - den Bericht meiner Erfahrungen, die ich als verlagsunabhängige Autorin gemacht habe. Es ist die Wiedergabe von persönlichen Erlebnissen, die ich als Autorin gemacht habe: die Resonanz auf meine Bücher, das Auftreten in sozialen Netzwerken, der Kontakt zu anderen Autoren. Das Buch berichtet von einigen Marketingaktionen, wie einem Auftritt im Fernsehen. Das Buch erzählt ferner von Autoren, die angesichts der Möglichkeiten des Selfpublishing in Goldgräberstimmung verfallen und dabei jegliche Moral verloren haben – sowohl dem Leser als auch den schreibenden Kollegen gegenüber. Außerdem berichte ich von verschiedenen Plattformen für Selfpublisher, die ich ausprobiert habe – angefangen von Amazon bis zu Neobooks. Der Weg zum (einigermaßen erfolgreichen) Autor ist – in den meisten Fällen – mühsam, lang und steinig. Wer unterstützt mich auf diesem Weg, wer legt einem Steine in den Weg? Kann ich auf Familie und Freunde zählen? Was ist positiv am Autorendasein, was negativ? All diese Aspekte meines Schreibens möchte ich hier zum Besten geben.

Ich berichte von guten und schlechten Erfahrungen – von Licht und Schatten.

Nie zuvor war es einfacher, ein Buch zu veröffentlichen

Zu keiner Zeit war es so einfach wie heutzutage, ein eigenes Buch zu veröffentlichen - theoretisch. Das Buch, gleich welchem Genre es angehört, ist also endlich geschrieben, nach mehr oder weniger mühevoller Arbeit. Der Autor stellt alsdann voller Stolz sein Buch auf einer Plattform im Internet ein - üblicherweise zunächst bei Amazon - um es einem breiten Publikum zugänglich zu machen. Nun ist die größte Arbeit geschafft – uff – so könnte man als Autor meinen, sobald das erste Buch auf einer Plattform eingestellt ist. Eine weitaus größere Hürde als das Schreiben eines Buchs ist jedoch dessen Vermarktung – denn das Buch ist jetzt zwar bei Amazon (oder einer anderen Plattform) gelistet – nun muss es aber auch von potentiellen Lesern zunächst gesichtet und dann auch gekauft werden – und das unter Millionen Büchern, die alle um die Gunst und die Aufmerksamkeit des Lesers kämpfen.

Aber das ist doch gar nicht so schwierig, sondern ein Kinderspiel, so geloben dagegen viele Selfpublishing-Ratgeber – diese versprechen angehenden Autoren regelrecht das Blaue vom Himmel. Bestsellerautor zu werden – so suggerieren diese Bücher – ist ein Spaziergang, wenn man nur die entsprechenden Erfolgsrezepte und Geheimnisse kennt.

Und genau in diese Geheimnisse will Sie der entsprechende Autor einweihen und Ihnen diese anvertrauen.

Vom Autorendasein leben können, sich ein regelmäßiges passives Einkommen aufzubauen, nichts scheint einfacher als das. Genau diese Vorstellung schmeckt natürlich nicht schlecht und trifft genau den Nerv des frischgebackenen Autors: Schon sieht sich dieser in seiner Fantasie als neuer Bestsellerautor wie Phönix aus der Asche aufsteigen. Berühmt und geachtet, reich wie Onassis, alles zum Greifen nahe und nur einen Steinwurf entfernt. Endlich dem tyrannischen und launischen Chef den Bettel hinschmeißen, mit einem triumphierenden *„Tschüss Chef"* kündigen, fortan frei sein, frei wie ein Vogel. Wer träumte nicht davon? Keinen streng reglementierten Arbeitsalltag mehr, kein nine to five, stattdessen ganz nach Gusto als freier Autor leben - ein wenig auf der Tastatur des Computers klappern, um sich dann wieder anderen schönen Dingen wie Reisen, Sport usw. zu widmen. Ansonsten lebt man frei von finanziellen Sorgen, man hat mit seinem Bestseller schließlich ausgesorgt - und als neuer Bestsellerautor wird man gefeiert wie ein neuer Stern am Himmel. So stellen sich nicht wenige Leute den Alltag eines Autors vor. Und Schreiben ist ja keine Arbeit, oder? - Für den einen Autor ja, für den anderen nein.

Für die einen Autoren ist Schreiben beinharte, anstrengende Arbeit, diese brüten über jedem einzelnen Satz, sitzen von morgens bis abends über dem Manuskript, das einfach nicht gedeihen will.

Andere Autoren sitzen genussvoll mit einem Glas Wein in der Hand vor ihrem Text, alles geht leicht von der Hand, die Sätze sprudeln nur so hervor, die Seiten füllen sich wie von selbst. Und es sagt nicht unbedingt etwas über die Qualität eines Buchs aus, ob dieses nun in jahrelanger, anstrengender Arbeit oder aber in wenigen Wochen entstanden ist. Ein Leben also frei von finanziellen Sorgen: So versprechen es ja auch die Autoren der sogenannten Bestseller-Ratgeber. Indes sind die meisten dieser Autoren selbst fern davon, je einen Bestseller zu landen. Mit der Hoffnung der Menschen hat sich jedoch schon immer gutes Geld verdienen lassen. Oft werden die Ratgeber zudem auch noch dazu genutzt, die eigenen anderen Bücher zu propagieren und diesen wieder zu mehr Aufschwung zu verhelfen. Natürlich gibt es auch wirkliche Bestseller-Autoren, die angeblich in ihren Ratgebern ihre Geheimnisse preisgeben, wie auch aus Ihnen der neue Bestseller-Autor geschmiedet wird. Das Manko hierbei ist nur, dass wahre Bestseller-Autoren in den seltensten Fällen ihre Geheimnisse verraten, sondern diese schön für sich behalten und eher wie einen heiligen Gral hüten. Und dann ist ja der Stein der Weisen auch noch gar nicht gefunden, was denn einen Bestseller eigentlich ausmacht. Wie sonst sollte man es erklären, dass bspw. J. K. Rowling von einem Verlag zum nächsten getingelt ist, und man ihr nur mit Absagen und Kopfschütteln begegnet ist.

Und genau in diesem Zusammenhang muss man auch die meisten Ratgeber zum Thema Selfpublishing sehen.

Sie wecken die Sehnsucht in vielen Autoren, reich und unabhängig zu werden. Der Traum, mit Büchern viel Geld zu verdienen, möglichst noch mit wenig Arbeit, ist leider meist zu schön, um wahr zu sein. Wirklich probate und hilfreiche Tipps zum Selbstpublishing habe ich persönlich nur in wenigen Büchern wie etwa in der Selfpublisherbibel von Matthias Matting gefunden – Matthias Matting ist einer der Vorreiter der unabhängigen Autoren, der mit steten Tipps und Anregungen sowie mit genauer Beobachtung und Analyse der Marktlage viel für die Sache der unabhängigen Autoren leistet.

Muss nun also der Traum, mit Schreiben reich zu werden ad acta gelegt werden – so fragen Sie vielleicht?

Schreiben macht indes normalerweise nicht reich, sondern arm – Regeln bestätigen natürlich wie immer die Ausnahme. Und genau diese Ausnahmen sind es, auf welche der Autor in spe schielt und welche ihm immer wieder vor Augen geführt werden.

Wenn es jedoch so einfach wäre, mit Büchern erfolgreich zu werden, würden wir vielleicht alle nur noch zuhause im Kämmerchen sitzen und Bestseller schreiben. Indes krebsen die meisten Autoren, welche diesen Beruf hauptberuflich ausüben, am Existenzminimum. Und das meist bei weit längeren Arbeitszeiten als ein normaler Arbeitnehmer bei der Arbeit verbringt und bei einem Stundenlohn, bei dem es selbst einer Reinigungskraft schlecht werden würde.

Sicherlich ist bei der Schreiberei auch viel Glück dabei, das richtige Buch zur richtigen Zeit. Es gibt allerdings nicht den einen Weg, den Königsweg, der zum Erfolg führt, sondern bekanntlich führen viele Wege nach Rom. Was dem einen Autor Erfolg bringt, muss für den anderen Autor noch lange nicht zum Ziel führen. Meiner Meinung nach sollte man also, wenn man Autor werden möchte, nicht oder nicht primär auf das liebe Geld schielen.

Idealismus, Leidenschaft und Freude am geschriebenen Wort sollten indes die Triebfedern fürs Schreiben sein. Nur wer fürs Schreiben brennt, wer regelrecht schreiben muss, dessen Funken springen auch zum Leser über. Wer dagegen nichts zu sagen hat, oder nur aus Langeweile oder Geldgier schreibt, wird sich als Autor auf lange Sicht nicht halten können. Er wird zu einer Eintagsfliege, die schnell vergessen wird. Schreibt man hingegen Sachbücher, sollte man nur über ein Thema schreiben, das einen interessiert und in dem man wirklich Fachmann/ -frau ist. Aber dazu später mehr.

Warum ich Bücher schreibe

Und aus welchem Grund schreiben Sie eigentlich Bücher, fragen Sie vielleicht. Schreiben Sie etwa aus purem Idealismus und geht es Ihnen etwa nicht ums Geld? Oder haben Sie vielleicht einfach zu viel Zeit und überdies noch eine gewisse Eitelkeit, die durch das Präsentieren Ihrer Bücher befriedigt werden will? Oder sind Sie nicht ausgelastet in Ihrem Beruf oder in Ihrem Privatleben? Nun, Ihre Fragen beantworte ich Ihnen gerne.

Mein eigentlicher Beruf ist Apothekerin, einige Jahre nach der Beendigung des Studiums der Pharmazie habe ich zusätzlich in Marburg promoviert, dort eine Doktorarbeit über den Botaniker **Carolus Clusius** und dessen letztes Werk *„Libri Exoticorum"* – das in lateinischer Sprache verfasst ist und von exotischen Pflanzen und Tieren von Übersee handelt – geschrieben.

Während man im Pharmaziestudium selbst nicht mit viel Schreibarbeit konfrontiert wird – man ist größtenteils mit Klausuren, Auswendiglernen, Praktika, Laborarbeit, chemischen Analysen und Synthesen beschäftigt – entdeckte ich während meiner Promotionszeit meine Liebe zum Schreiben.

Bereits geschriebene Texte immer wieder ändern und ausfeilen, bis diese sich schließlich zu einem geschmeidigen Ganzen formten, das wurde meine Leidenschaft. Ich leckte förmlich Blut. Nach der Promotion in Marburg vergingen jedoch noch etliche Jahre, bis ich meine ersten Bücher veröffentlichen konnte.

Bei einem ersten (Verlags-)Buch – einem Pharma-kologiebuch für Ärzte und Pharmazeuten – war ich zunächst Herausgeberin. Dann, Ende 2012, habe ich das Selfpublishing – also das Veröffent-lichen ohne Verlag – für mich entdeckt. Bei Ama-zon stellte ich mein Buch *„Null Bock auf Mr Cock"* ein – dieses Buch handelt von meinen Erfahrun-gen bei der Suche nach einem Partner im Internet. Vier lange Jahre hatte ich an diesem Buch gearbei-tet, das Manuskript war also längst fertiggestellt, als ich es bei Amazon einstellte. Kurze Zeit später folgte mein zweites Buch, der Ratgeber *„Gesund und ausgeglichen durch die Säure-Basen-Balance"*. Auch dieses Buch lag schon einige Zeit in der Schublade und wurde nun veröffentlicht. Weitere Bücher, hauptsächlich Gesundheitsratgeber und Bücher zu (pharmazie-) historischen Themen so-wie kritische Sachbücher folgten.

Warum veröffentlichen Sie denn nicht bei einem renommierten Verlag, fragen Sie vielleicht arg-wöhnisch. Wer etwas auf sich hält, geht doch zu einem großen Verlag. Oder wurden dort Ihre Bü-cher nicht angenommen, hat man diese abgewie-sen, so mutmaßen Sie möglicherweise. Tatsächlich hatte ich bzgl. meines ersten Buchs „Null Bock auf Mr Cock" einige wenige Verlage angeschrieben, nach einiger Zeit kamen freilich Absagen.

Man braucht sich allerdings nicht der Illusion hingeben, dass die Bücher, die von Verlagen ak-zeptiert werden, einen besonderen literarischen Wert besitzen. Von den großen Publikumsverla-gen wird das gedruckt, was breite Leser-Massen anspricht.

Und dass das nicht unbedingt gut oder literarisch ausgezeichnet sein muss, dürfte auf der Hand liegen. Wobei ich damit nicht sagen will, dass meine Bücher in irgendeiner Weise literarisch herausragend seien. Nichtsdestotrotz wollen Verlage in erster Linie Geld verdienen und das lässt sich am leichtesten bewerkstelligen mit Büchern, die den Mainstream-Geschmack bedienen. Aber dazu später mehr. Nachdem ich also von einigen Verlagen Absagen kassiert hatte, habe ich durch Zufall die Möglichkeit entdeckt, bei Amazon verlagsunabhängig zu publizieren. Und von da an war die Sache für mich klar.

Warum bei irgendwelchen Verlagen Klinken putzen und servile Briefe mit Manuskriptproben an selbige Verlage schicken – um dann doch nur nichtssagende Absagen zu erhalten? Nein, nun konnte ich selbst veröffentlichen: Das ganze Prozedere, angefangen vom Schreiben bis zur endgültigen Formatierung und Einstellung des Manuskripts, das alles liegt in meiner Hand. Auch die Gestaltung des Covers darf nicht dem Zufall überlassen werden, denn gerade das Cover spielt für den Verkauf eines Buchs eine ganz immense Rolle – was mir zu Beginn meiner Schreiberei überhaupt nicht bewusst war. Da aber das Buchcover – neben dem Titel und dem sogenannten Klappentext – für den ersten Eindruck beim Leser entscheidend ist und genau dieser erste Eindruck meist ausschlaggebend für den Kauf eines Buchs ist, kann der Stellenwert des Covers gar nicht hoch genug angesetzt werden.

Deshalb ist es ganz wichtig, - das ist zumindest meine Meinung - dass man selbst ein geeignetes Cover aussuchen sollte. Denn wer kennt mein Buch und dessen Inhalt besser als ich selbst? Wer wird mit mehr Herzblut ein Cover aussuchen als ich? Ein Cover-Designer wird sich – so vermute ich – nicht mein gesamtes Buch durchlesen, um das passende Cover auszuwählen. Und so wähle ich bei meinen Büchern die Coverbilder auch stets selbst aus.

Und wie sieht es mit einem Lektorat oder Korrektorat aus? Sollte nicht jeder Autor sein Buch lektorieren lassen, bevor er es veröffentlicht? Nun, bei Belletristik sollte man sein Buch idealerweise lektorieren lassen, bei Sachbüchern sehe ich persönlich nicht immer eine Notwendigkeit – es wird natürlich viele Autoren geben, die mir in diesem Punkt widersprechen. Aber einen Sachbuch- oder Fachbuchlektor wird man ohnehin kaum finden – da man ja selbst der Fachmann/die Fachfrau in dem speziellen Gebiet ist.

Freilich gibt es auch nicht wenige (belletristische) Manuskripte, die erst durch einen tüchtigen Lektor zu dem, was sich Buch nennen kann, „transformiert" werden. Sicherlich lesen sich Bücher nach guter Lektoratsarbeit auch gefälliger, der eigene Stil des Autors - sofern er einen hat – geht dabei aber auch möglicherweise verloren.

Ich lese meine Texte in der Regel selbst mehrmals durch, nach einigen Monaten – wenn das Buch schon eingestellt ist – überprüfe ich das jeweilige Buch nochmals auf Fehler und stelle es dann erneut in nochmals verbesserter Form ein.

Vor der erstmaligen Veröffentlichung eines Buchs überprüfen in der Regel meine Schwester und meine Nichte den Text auf Stimmigkeit. Ich habe also als selbstverlegende Autorin die volle Kontrolle über meine Bücher, trage aber auch das volle Risiko und die gesamte Verantwortung, und zwar bei der kompletten Erstellung eines Buchs. Von der Idee bis zum Drucksatz sozusagen.

Aber auch die gesamten Rechte an den Büchern bleiben in meiner Hand. Ich entscheide, wann und auf welcher Plattform ich ein Buch einstelle. Und ich kann meine Bücher jederzeit ändern oder aktualisieren oder auch einzelne Bücher beliebig aus dem Sortiment nehmen.

Nicht selten liest man auch gerade in letzter Zeit von insolventen Verlagen, in diesen Fällen bekommt der Verlagsautor meist nicht einmal die Rechte an seinen Büchern zurück und kann diese somit auch nicht weiter veröffentlichen. Als freie Autorin kann mir dagegen niemand die Rechte an meinen Büchern entreißen. Dies ist ein Punkt, dem meiner Meinung nach viel zu wenig Beachtung geschenkt wird.

Ich bin weiterhin als freie Autorin niemandem verpflichtet, nur dem Leser und mir selbst. Ich will schreiben dürfen, was ich will, ohne falsche Rücksichten, ohne Zensur. Genau das sehe ich als Sinn und als Zweck des Schreibens. Diese Freiheit hat erst Amazon dem Autor gegeben und dafür bin ich Amazon unendlich dankbar. Dass diese neue Freiheit des Schreibens natürlich manchen Verlagen nicht gerade passt, dürfte auf der Hand liegen. Dazu aber später mehr.

Dass die neue Freiheit des Schreibens aber weiter auch Betrüger auf den Plan gerufen hat und die Freiheit des Schreibens von diesen in übelster Weise missbraucht wird, dürfte dagegen weniger bekannt sein.

Auch dazu werde ich an späterer Stelle berichten. Aber was sind denn nun eigentlich Ihre wirklichen Beweggründe, Bücher zu schreiben, wollen Sie weiter wissen. Nun, diese Frage beantworte ich Ihnen gerne: Mit dem Schreiben kann ich mein Wissen nicht nur an meine Kunden in der Apotheke weitergeben, sondern auch an einen großen Leserkreis. Auf diese Weise konnte ich mir zudem auch eine zweite Existenz aufbauen - So war ich bei Amazon bereits mehrmals als sehr beliebte Autorin Kindle-Unlimited-Star – eine Auszeichnung, die auch mit einem finanziellen Bonus verbunden ist – und die mich zu großer Dankbarkeit gegenüber Amazon und meiner werten Leserschaft verpflichtet. Zudem schreibe ich mit großer Leidenschaft, ja man kann sogar behaupten, Schreiben ist zu einer Art Sucht für mich geworden – die erst dann befriedigt ist, wenn das Buch fertig gestellt ist. Und dann beginnt es von Neuem: Sätze werden wieder gebildet, aus Sätzen werden Seiten, bis wieder das nächste Buch entstanden ist. Und dann ist da natürlich noch der Ansporn oder vielmehr schon eher der Drang, mir selbst und anderen zu beweisen, dass man auch in diesem scheinbar aussichtslosen Metier Fuß fassen kann – und zwar ganz ohne Seilschaften und ohne betrügerischen Machenschaften.

Der größte Teil der Selfpublisher verdient angeblich indes weniger als 50 Euro im Monat, weitere zehn Prozent nehmen gerade mal zwischen 50 und 100 Euro ein – zudem gelten gerade Sachbücher gemeinhin als schwieriges Genre.

Auch erinnere ich mich nur zu gut, wie groß von einigen Seiten die Häme war, als mein erstes Buch *„Null Bock auf Mr Cock"* zunächst regelrecht floppte – ja, anders kann man es nicht ausdrücken. Man kann es im Buchmarkt, wenn überhaupt, erst nach vielen dürren und harten Jahren zu etwas bringen – und dann auch nur mit einem großen Verlag und mit Beziehungen hinter sich – auch diese Unkenrufe kamen von allen Seiten, ich beachtete diese allerdings nicht weiter. Denn ich wollte keinen Verlag und schon gar keine Beziehungen.

Vielmehr wollte ich alle, die so redeten, Lügen strafen und beweisen, dass es ist die eigene Kraft ist, mittels derer man etwas erreichen muss.

Gesundheitsratgeber von Laien: Die große Gefahr

Mit meinen Gesundheitsratgebern möchte ich natürlich Menschen aufklären und diesen Hilfestellung bei diversen gesundheitlichen Problemen geben sowie diese vor falschen Therapien und Wundermitteln warnen. Gleichzeitig möchte ich Menschen zu einem gesünderen Leben animieren und ermuntern.

Wenn mir dies gelingt, habe ich mein Ziel erreicht. Idealerweise kann ich meine Worte noch in angenehme und unterhaltsame Form verpacken, so dass beim Lesen keine Langeweile aufkommt.

Da ich als Apothekerin der Praxis – mit direktem Kontakt zum Kunden – Bücher schreibe, weiß ich natürlich aus erster Hand, was die Menschen bewegt und für welche Themen aus dem Bereich der Gesundheit diese sich besonders interessieren und wo sich diese Aufklärung wünschen.

Insbesondere habe ich bei meinen Kunden ein ständig wachsendes Interesse an Naturheilmitteln beobachtet – zur seriösen Aufklärung der Kunden sowie der Leser gehört es natürlich auch, aufzuzeigen, wo die Grenzen von Naturheilmitteln liegen und wann diese allenfalls noch additiv (also zusätzlich) helfen können.

Aus reinem Populismus – und natürlich auch aus Unkenntnis – in Büchern Thesen zu vertreten wie „Depressionen heilen mit Ernährung", „Gesund in acht Tagen", „Geheilt von Krebs durch geheimnisvolle Pflanze aus der Karibik", „Akne ganz einfach und mit Naturheilmitteln bekämpfen", „10 Kilo in 10 Tagen verlieren" empfinde ich persönlich nicht nur ärgerlich, sondern sogar frevelhaft.

Die Aufklärung der Leserschaft erachte ich auch deshalb als umso wichtiger, da viele Laien-„Autoren" – aus reiner Profitgier und/oder Eitelkeit - Gesundheitsratgeber zu Themen schreiben, von denen sie naturgemäß so gut wie gar keine Ahnung haben. Ob diese Tatsache diesen „Autoren" überhaupt bewusst ist oder nicht, entzieht sich allerdings meiner Kenntnis. Auf jeden Fall können falsche oder unzureichende Therapievorschläge, gerade bei ernsten Krankheiten, schlimme gesundheitliche Folgen nach sich ziehen. Bestenfalls sind die in solchen „Ratgebern" gemachten Vorschläge wirkungslos, schlimmstenfalls können sie böse Folgen nach sich ziehen oder aber verhindern, dass Betroffene rechtzeitig sinnvolle und wirksame Maßnahmen zur Behebung ihrer gesundheitlichen Probleme ergreifen.

Solche Laien-„Autoren" laden also insofern sehr häufig große Schuld auf sich, indem sie ihre Leser mit unpassenden oder falschen Ratschlägen abspeisen – da nützt auch der Hinweis am Anfang des Buchs auf den „Ausschluss jeder Haftung" nur wenig.

Ich habe übrigens selbst etliche dieser „Gesundheitsratgeber" gelesen (und anschließend gleich wieder vom Kindle gelöscht), um mir ein genaues Bild über das Ausmaß dieses Schindluders zu machen - dabei sind mir fast die Haare zu Berge gestanden, ich traute meinen Augen nicht, so hanebüchene Aussagen werden in solchen „Ratgebern" teilweise vertreten.

Die Thesen werden dagegen im Ton der vollsten Überzeugung rüber gebracht, so dass dem Leser möglicherweise wenig Zweifel an den vollmundigen Worten der Laien-Autoren kommen. Die Crux an der Sache ist ja auch, dass der Leser, der in Gesundheitsthemen in der Regel auch Laie ist und sich deswegen Aufklärung verschaffen möchte, meist nicht erkennt, ob die Aussagen in einem Buch falsch oder richtig sind. Oft heucheln die Autoren im Vorwort ihres Buchs oder auf ihrem Autorenprofil noch, sie wollten ihren Mitmenschen mit ihren Büchern helfen – dabei richten sie bestenfalls keinen Schaden an.

Wenn diese Autoren indes von „helfen" sprechen, spätestens dann ist bei mir das Ende der Fahnenstange erreicht. Viele Autoren entwickeln darüber hinaus geradezu kriminelle Energien, um der Aussagekraft ihrer Bücher mehr Gewicht zu verleihen und somit den Verkauf ihrer Bücher anzukurbeln. So schmücken sich nicht wenige Autoren von Gesundheitsratgebern mit falschen Doktortiteln.

Würde man diese dagegen darauf hinweisen, dass ihr Handeln erstens unmoralisch, und zweitens illegal ist, würden sie wahrscheinlich nur mit den Achseln zucken und behaupten: „Das ist doch mein Künstlername, ich habe doch die künstlerische Freiheit, einen Namen zu wählen, der mir beliebt. Und was geht Sie das überhaupt an? Kümmern Sie sich doch um Ihren eigenen Kram!" Ganz so einfach wie der falsche Doktor seine unlauteren Methoden rechtfertigen will, ist es aber nicht: Denn nach dem Strafgesetzbuch ist das unbefugte Tragen von akademischen Titeln unter Strafe gestellt und kann sogar mit einer Freiheitsstrafe geahndet werden.

Denn das missbräuchliche Tragen eines Doktortitels bei Gesundheitsbüchern hat rein gar nichts mit künstlerischer Freiheit zu tun: Denn hier handelt es sich vielmehr um bewusste Irreführung und arglistige Täuschung des Lesers. Der Autor will dem Leser eine Kompetenz vorspiegeln, welche er in Wahrheit aber gar nicht besitzt. Aber wo kein Kläger ist, da ist bekanntlich auch kein Richter.

Gewissheit kann sich der Leser nur insofern verschaffen, indem er den angeblichen Doktor googelt – falls jemand tatsächlich eine Doktorarbeit abgelegt hat oder als Doktor arbeitet (in gleich welcher Branche), wird sich irgendwo im Internet ein Hinweis darüber finden lassen - und dies ist bei vielen „Doktoren" und Autoren von Gesundheitsbüchern eben gerade nicht der Fall.

Apropos Hinweise zum Autor. Es geht aber nicht nur um falsche Doktortitel. Denn googelt man die meisten Autoren von „Sachbüchern", so wird das Internet nur gähnende Leere ausspucken. Warum das so ist? Die Antwort ist einfach: Die meisten Autoren von Sachbüchern arbeiten mit Pseudonymen, ihre wahre Identität lassen sie – die Gründe hierfür dürften klar sein – verschleiert.

Auch die Namen der Pseudonyme haben es in sich: Da werden Namen gewählt, die an wirklich existierende erfolgreiche Autoren oder Unternehmer erinnern – auf der anderen Seite werden Namen gewählt, mit denen man Kompetenz, Kraft oder andere positive Eigenschaften assoziiert („König", „Sieger" usw.).

Und die meisten Sachbuchautoren arbeiten nicht nur mit Pseudonymen, es kommt noch schlimmer: Sie geben Qualifikationen, Berufe und Kenntnisse an, die sie schlichtweg gar nicht besitzen. Auch diesen Betrügern – denn meiner Ansicht nach handelt es sich dabei ganz eindeutig um Betrug, wenn man sich als Sachbuchautor eine falsche Identität gibt – kommt man auf die Spur, wenn man deren Namen googelt. Der vermeintlich erfolgreiche Unternehmer hat keinerlei Spuren im Internet hinterlassen – mit anderen Worten: Es gibt ihn überhaupt nicht. Auch Hinweise zur angeblich kreativen Marketingexpertin sucht man im Internet vergebens. Genauso verhält es sich mit den Ernährungs- und Fitnesscoachs, Modestudentinnen (!), Personaltrainern, Ernährungswissenschaftlern, Ernährungsberatern, Psychologen und allerlei anderen „Experten".

Wer bietet solchen Betrügern aber Einhalt, fragen Sie vielleicht empört oder zumindest überrascht. Niemand, antworte ich Ihnen – das ist die frustrierende und erschreckende Wahrheit. Denn die Schleusen für Betrüger stehen weit offen und die neue Freiheit des Schreibens wird eben auch – wen wundert's – von Betrügern genutzt.

Denn zu keiner Zeit war es so einfach wie heutzutage, ein eigenes Buch zu veröffentlichen – aber genauso wird heutzutage betrügerischen Autoren allzu leichtes Spiel gemacht.

Der Fantasie der Lügenkonstrukte von angeblich kompetenten Autoren sind hierbei keinerlei Grenzen gesetzt. Da schreiben die einen – um sich eine seriöse Fassade zu verleihen und ihre (nicht vorhandene) Kompetenz zu untermauern – dass sie angeblich auch für zahlreiche Zeitungen und Zeitschriften schreiben.

Googelt man dagegen, für welche Zeitungen sie schreiben, findet man nicht einmal den angeblichen Autor. Fragt sich ja auch, mit welchem Thema solche „Autoren" bei Zeitschriften punkten sollten – denn sie sind ja keine Fachleute, wie sie immer wieder gebetsmühlenartig suggerieren wollen.

Das ganze Konstrukt ist natürlich kurzsichtig und kurzfristig gedacht: Denn oft landen die Bücher dieser Autoren tatsächlich in den Bestsellerlisten. Was passiert nun aber, wenn die Öffentlichkeit auf diesen „Autor" aufmerksam wird und diesen zu einer Lesung oder einem Interview bittet? Tritt dann das Pseudonym auf oder ein Geist oder wer um Gottes willen soll die Lesung halten?

Aber so weit denken die Autoren dieser Bücher nicht, denn die Gier nach Geld trübt den Blick und lässt nicht langfristig denken.

Aber spätestens zu dem Zeitpunkt, wo die Pseudonyme zur Lesung gebeten werden, werden sie merken, dass nur eigene Kronen schmücken – fremde Kronen hingegen drücken.

Mich wundert bei dieser Gelegenheit übrigens immer, für wie dumm diese „Autoren" ihre Leserschaft verkaufen wollen und diese Tatsache stimmt mich irgendwie auch traurig. Aber für dumm verkaufen diese „Autoren" nicht nur ihre Leser, sondern auch ihre Autorenkollegen, indem sie durch ihr Treiben dem Ruf ernsthafter Selfpublisher schaden. Diese „Autoren" sind indes sogar so dreist, dass sie wahllos andere Autoren – unter anderem auch mich – anschreiben, mit der Bitte, von ihnen vorgefertigte Rezensionen bei Amazon einzustellen. Erst auf diese Weise wurde ich überhaupt auf diese Betrüger aufmerksam. Durch etliche tolle Gefälligkeitsrezensionen getäuscht, gewinnt der Leser dann unter Umständen den Eindruck, bei den Schundwerken handle es wirklich um gute Sachbücher.

Unter den Sachbuchautoren tummeln sich weiter auch jede Menge „Gesundheitsexperten", „Coachs", weitere Experten, „Ernährungsberater", „Profis" – dies alles sind freilich keine geschützten Begriffe, denn jeder kann sich nach Belieben Coach oder Experte nennen.

Meiner Überzeugung nach sollte ein Sachbuchautor – der ja mit seinen Büchern auch seine Person, sein Wissen, seine Kompetenz verkauft oder verkaufen sollte – immer mit seinem wirklichen Namen und seiner wahren Identität auftreten.

Aber die Moral endet bekanntlich immer dort, wo die Gier nach Geld die Oberhand gewinnt.

Das Gesagte gilt natürlich nicht für Autoren von Erotikromanen oder Belletristik – dort ist es mehr als verständlich, wenn Autoren ein Pseudonym verwenden und anonym bleiben wollen. Und die Identität des Autors spielt bei dieser Art von Büchern auch nur eine untergeordnete Rolle. Vielmehr ist es sogar so, dass viele Männer Erotikbücher oder auch Liebesromane unter einem weiblichen Pseudonym schreiben. Warum das so ist? Liebesromane werden überwiegend von Frauen gelesen und das Schreiben eines Liebesromans traut man folglich auch eher einer Frau zu. Bei Erotikbüchern wünschen sich gerade Männer eine Frau als Autorin – möglichst noch eine, die so verführerisch und erotisch ist wie die Protagonistin des Romans. Bei einem Mann als Erotikautor assoziieren möglicherweise manche Leser/innen einen „heimlichen Voyeur", der durch seine Bücher seine nicht ausgelebten Fantasien zur Wirklichkeit erwecken lassen will.

Aber auch weibliche Autoren von Erotik- oder Liebesromanen statten sich häufig mit wohlklingenden Pseudonymen aus.

Wer wollte bspw. einen Erotikroman von einer Autorin mit Namen Gertrud Müller oder von Anneliese Schmitt lesen?

 33

Solche Namen klingen mehr als ernüchternd und sind nicht dazu geeignet, die Fantasie des Lesers/ der Leserin anzuregen. Auch aufwühlende oder tragische Liebesromane verkaufen sich besser, wenn die Autorin ein Pseudonym verwendet, das nicht nach Allerweltsnamen oder tristem Alltag klingt.

Interessant ist diese Entwicklung v. a., wenn man bedenkt, dass noch im 19. Jahrhundert Autorinnen oftmals unter männlichen Pseudonymen (sogenannten Pseudoandronymen) ihre Bücher veröffentlichten, weil sie dann mit einem größeren Erfolg ihrer Bücher rechnen konnten – denn die Kompetenz eines Mannes wurde in dieser Zeit in allen Bereichen, so auch beim Schreiben, höher eingeschätzt als bei einer Frau. Zudem warf man Autorinnen oft vor, dass sie aufgrund ihrer schriftstellerischen Tätigkeit ihre „eigentlichen" Aufgaben - Haushalt und Familie – vernachlässigten und diesen die Frau vorgesehenen Betätigungsfeldern nicht mehr gerecht werden konnten. Berühmtestes Beispiel für eine Autorin, die einen Männernamen annahm, dürfte sicherlich die französische Schriftstellerin George Sand sein (eigentlich Aurore Lucile Dupin de Francueil), die Romane und gesellschaftskritische Werke veröffentlichte – und zu den bestbezahlten Autoren ihrer Zeit gehörte.

Um aber wieder zu den Sachbuchautoren zurückzukehren: Viele Autoren benutzen nicht nur ein Pseudonym, sondern mehrere unterschiedliche Pseudonyme - manche verfügen gar über ein ganzes Sammelsurium an Pseudonymen.

Bald im Stundentakt bringt eines der Pseudonyme ein neues Buch heraus, zu ganz unterschiedlichen, meist brandaktuellen Themen: Da veröffentlicht ein „Autor" vegane Rezepte, der gleiche „Autor" rühmt in seinem nächsten Buch die Vorzüge der sogenannten Paleo-Diät oder der „low-carb"-Diät (in der Regel also fleischlastige Diäten). Wie passt das zusammen? Natürlich überhaupt nicht. Weiter schreibt der „Autor" Bücher, wie man seine Schlagfertigkeit erhöht, ein weiteres Buch verspricht uns, selbstbewusster zu werden. Im nächsten Buch geht es darum, wie man perfekte Reden hält, wie man Smalltalk führt und wie man erfolgreich Ziele verfolgt.

„Wie man Schüchternheit für immer überwindet – in drei Tagen" gelobt ein anderes Buch vollmundig, bei einem anderen soll man „quasi im Schlaf" 5000 Euro im Monat verdienen. „Jeder kann reich werden" verheißt ein anderes Buch, „Depressionen mit Hausmitteln heilen" ein weiteres Machwerk. Selbst von Büchern mit Tipps zur „perfekten Führung eines Haushalts" wird der Leser nicht verschont. Und dann findet man in diesen Büchlein (die meisten umfassen nicht mehr als 20 oder 30 Seiten) ein bisschen gegoogeltes „Wissen", ein bisschen Geschreibsel, zum Schluss wird dem Buch dann noch ein flotter Ködertitel verpasst. Einen Haushalt führen sei keine Wissenschaft, wird in einem der Bücher flapsig verkündet – ist es eben doch, möchte ich dem „Autor" antworten – genauso wie auch zum Schreiben von Sachbüchern Wissen und wenigstens ein wenig Schreibtalent gehören sollte.

Die Pseudonyme, die über alles und jedes schreiben, bezeichnen sich indes als „Experten" für sämtliche Themen – in Wirklichkeit kennen sie sich aber freilich auf keinem Gebiet aus.

Ich will aber keine Tipps, wie meine Rede hält, von einem Autor lesen, der vermutlich in seinem Leben noch keine einzige Rede gehalten hat. Und ich möchte weiter keine veganen Rezepte von einem Autor erhalten, der beim Verfassen der veganen Rezepte genussvoll sein Fleischwurstbrötchen verzehrt - und der folglich mit veganer Ernährung so viel am Hut hat wie der Papst mit der Pille.

Ich möchte dagegen Bücher lesen, deren Autoren Experten auf ihrem Gebiet sind, die dem Leser nicht - aus Mangel an Wissen - ein X für ein U verkaufen wollen. Ich möchte Bücher lesen von Autoren, die hinter und zu ihren Aussagen stehen, die mit Leidenschaft und Überzeugungskraft ihre Thesen verteidigen. Ich selbst bin bspw. seit über 25 Jahren Vegetarierin und propagiere auch in einigen meiner Bücher die vegetarische/vegane Ernährung. Nie im Leben würde ich es über mich bringen, ein Buch mit den neusten Fleischrezepten herauszubringen oder aber ein Buch über die „Paleo-Diät" zu schreiben.

Aber bei der Sorte der zuvor genannten „Autoren" geht es nicht um persönliche Überzeugungen – und schon gar nicht um Wissen und um Erfahrungen – es wird vielmehr lieblos und in dümmlicher Manier zusammengeschrieben, was gerade hip ist, und was verspricht, beim Leser anzukommen.

Solche „Autoren" grasen die Bestsellerliste bei Amazon ab – und lesen diese Liste rauf und runter, immer auf der Suche nach neuen Titeln. Danach wählen sie dann das Thema für ihr nächstes „Buch": Titel wie „Die einzigartige Diät", „Die einzig wahre Diät", „Schlank ohne Sport" usw. kennzeichnen solche Bücher. „In" sind im Moment auch „low-carb"-Diät-Bücher und Bücher über die Paleo-Diät. Die Themen müssen einmal große Nachfrage versprechen und außerdem schnell zusammengeschrieben sein. Auch Abkupfern aus anderen Büchern ist durchaus keine Seltenheit, ja sogar ganze Bücher werden fast komplett abgeschrieben. Vollkommen unreflektiert und ohne Sach- und Schreibkenntnisse, entsteht auf diese Weise ein dahin geschlunztes Machwerk, das sich dann auch noch Buch nennt.

Ein Beispiel möchte ich Ihnen in diesem Zusammenhang nennen: Mein Buch *„Fatburner – So schmilzt das Fett"* verkaufte sich eine Zeit lang erstaunlich gut und rangierte sehr lange auf der Bestsellerliste der Diäten zum Abnehmen, ja eine erquickliche Zeit sogar auf dem ersten Platz (bei Amazon auf der eBook-Liste).

Schwupps, als Folge kamen zunächst schlechte Rezensionen für mein Buch (von anderen Autoren, diese sind an gewissen Merkmalen erkennbar, dazu später mehr), als nächstes veröffentlichte ein anderer Autor und „Fachmann" ein weiteres Buch über Fatburner, in dem er behauptete, nun die „einzige Wahrheit" über Fatburner zu veröffentlichen.

Außerdem habe ich das erste Buch über „Clean Food" in deutscher Sprache verfasst. Man muss kein Hellseher sein, um zu folgern, dass in Kürze weitere Bücher zum Thema Clean Food folgten. Sobald man mit einem Buch einigermaßen erfolgreich ist, tummeln sich die Nachfolger und Fakes wie die Motten um das Licht, um das gleiche Thema auf den Markt zu bringen.

Alles was „in" ist und sich infolgedessen gut verkauft, wird von anderen „Autoren" übernommen, hat man nun Ahnung vom Thema oder aber nicht. Dem würde etwa gleichkommen, wenn ich als Apothekerin ein Buch über Autos oder über Computer schreiben würde, also über Themen, von denen ich nun wirklich keine Ahnung habe – manche Autoren haben aber anscheinend überhaupt kein Problem damit, Bücher über Themen zu verfassen, von denen sie überhaupt keine Ahnung haben.

Die neue Freiheit beim Schreiben hat also auch zu zahlreichen negativen Auswüchsen geführt – was man mit der neu gewonnen Freiheit anfängt, ob man diese zum Guten oder aber zum Bösen verwendet, obliegt also dem einzelnen Autor. Vielen Autoren genügt es übrigens nicht mehr, nur selbst zu schreiben. Denn schreiben noch andere Autoren für einen selbst, klingelt die Kasse natürlich umso mehr und ggf. braucht der Erfinder eines solches „Systems" selbst überhaupt nichts mehr zu schreiben – und kann sich fortan bequem im Sessel zurücklehnen.

Diese Masche kann man bspw. daran erkennen, dass der Autor und die im Impressum genannte Person nicht übereinstimmen – oft benutzen gleich mehrere „Autoren" das gleiche Impressum, schreiben also für die gleiche Person. Ein korrektes Impressum – wie es Amazon vorschreibt - ist übrigens in den meisten dieser Bücher überhaupt nicht zu finden – auf diese Weise wollen diese Autoren natürlich verhindern, dass man ihre wahre Identität herausfindet.

Häufig haben diese „Autoren" auch Autorenprofile bei Amazon hinterlegt - schaut man aber genauer hin, handelt es sich bei den Fotos der einzelnen „Autoren" oft um kostenlose oder kostenpflichtige Bilder von x-beliebigen Personen, die bei Fotolia, Shutterstock oder Pixabay heruntergeladen werden können.

Diesen Usus kann man etwa durch einfache Bildvergleichssuche im Internet ohne weiteres nachverfolgen. Manche „Autoren", die etwas vorsichtiger agieren und Bildvergleiche befürchten, stellen freilich erst gar keine Bilder von sich ins Internet – oder Bilder, auf denen man sie nur von hinten sieht, gleichsam einem Verbrecher der, etwas zu verbergen hat – und wie es ja auch den Tatsachen entspricht.

Die Erfinder solcher Autoren bezahlen in den meisten Fällen billiges Geld an irgendwelche unqualifizierte Ghostwriter – das Geschreibsel dieser Ghostwriter ist indes natürlich genauso unqualifiziert. Man bekommt im Leben schließlich immer das, was man bezahlt.

Den „Autorenmachern" kommt es aber natürlich in keiner Weise auf die Qualität der Bücher an - man arbeitet vielmehr mit Quantität, um den schnellen Reibach zu machen. Die angeblichen Autoren sind also lediglich „Kunstprodukte", die Texte dementsprechend unqualifiziert und sachlich falsch – selbstredend enthalten die Manuskripte auch meist Rechtschreibefehler, so weit das Auge reicht.

Na und? werden solche „Autorenmacher" sich rechtfertigen. Die Welt will doch betrogen werden und die Praxis des Ankaufs von Manuskripten ist doch gang und gäbe - selbst Bestsellerautoren handhaben das so. Denn gerade bei diesen ist die Nachfrage nach Büchern groß, oftmals kann der Bestsellerautor dieser immensen Nachfrage gar nicht nachkommen. Also wird fremde Literatur eingekauft und unter dem Namen des Bestsellerautors verkauft.

Nicht alles, was gängig ist, ist auch gutzuheißen – entgegne ich – insbesondere, wenn die Qualität dabei leidet und auf der Strecke bleibt.

Publikumsverlag versus Selfpublishing

Warum veröffentlichen Sie Ihre Bücher nicht bei einem großen Verlag – diese Frage stellten Sie mir schon zu Beginn dieses Buchs. Bei Verlagen, da sitzen doch die Fachleute, die suchen sich die Rosinen unter den Büchern aus, die seltenen Diamanten im großen Bergwerk der Bücher. Nur Verlage können die Spreu vom Weizen trennen und die wirklichen Autoren von den Dilettanten unterscheiden. Tja, so könnte man denken, wenn man nicht schon Verlagsluft geschnuppert hätte und das ganze Verlagswesen nicht durch die berühmte rosarote Brille betrachtet. Denn hat man einmal Einblick in das Verlagswesen gewonnen, sieht man die Sache wesentlich nüchterner und auch vieler Illusionen beraubt.

Zunächst ist es so, dass die großen Publikumsverlage – und nur von diesen spreche ich hier - das veröffentlichen, was die große Mehrheit der Leser anspricht, was also massentauglich ist. Literatur für den Normalleser muss unterhaltsam und leicht zu lesen sein. Und dass das dann beileibe keine anspruchsvolle Literatur, keine komplizierte Fachliteratur und schon gar keine melodische Lyrik ist, dürfte auf der Hand liegen.

Und die Dichter und Denker, auf die Deutschland so stolz ist, werden meist nur von kleinen Spezialverlagen publiziert – gelesen werden diese Bücher allenfalls von Literaturwissenschaftlern oder von Schülern, die im Deutschunterricht dazu „gezwungen" werden.

Soweit also zur anspruchsvollen Literatur. Ein Verlag muss oder möchte in erster Linie kommerziell denken und arbeiten. Richtig anspruchsvolle Literatur kann dagegen freilich nicht kommerziell vertrieben werden, da das Gros der Leserschaft derartige Literatur gar nicht verstehen kann oder will.

Was dagegen bei der Mehrheit der Leser ankommt, sind Bücher über Prostituierte, über Sex in jeder Form und möglichst ausgefallene Lebensbeichten. Hier darf der Voyeurismus des Menschen aufblühen und wird durch Bücher dieser Art gestillt und gesättigt.

Überhaupt die „Erotik" dieser Bücher. Hier erleben dann Frauen bei jedem Koitus einen Orgasmus, Männer dagegen laufen ständig mit ausgebeulten Hosen und immer notgeil durch die Gegend – wenn man es nicht besser wüsste, könnte man meinen, es handle sich dabei um Persiflagen von Erotikbüchern.

Auch Bücher, in denen „reale" Männer und Frauen offenherzig von ihren „wahren" Sexerlebnissen berichten, in denen diese vom besten und schlechtesten Sex ihres Lebens erzählen, solche Bücher verkaufen sich wie geschnitten Brot. Hoch im Kurs steht auch jede Art von seichter Unterhaltungsliteratur, etwa banale Liebesgeschichten oder triviale Arztromane. Seichte Unterhaltung für den seichten Verstand.

Auch Frauen, die sich in der arabischen Welt erst verlieben und dann gefangen gehalten werden, faszinieren die überwiegend weibliche Leserschaft. Das Odeur des Fremden und Exotischen hat schließlich schon immer gelockt. Natürlich muss man zugeben, dass Lebensbeichten und Erotik der untersten Schublade kein Alleinstellungsmerkmal der Verlage sind – auch der Selfpublishermarkt mischt hier kräftig mit und hat diesbezüglich einiges an Literatur zu „bieten". So wird in „Biographien" – freilich um die Sensationsgier des Lesers zu stillen - teilweise so dick aufgetragen, dass selbst Münchhausen Mühe hätte, mit seinen Flunkereien mitzuhalten.

Weiter gibt es aber auch echte und v. a. peinliche Lebensbeichten, die sicherlich so manchem Autor den Besuch beim Psychiater ersparen und die sich auch herrlich dazu ereignen, Erlebtes aufzuarbeiten – zu mehr eignet sich so manche Lebensbeichte allerdings nicht.

Dann die Erotik: Die meisten der sogenannten Erotikromane finde ich auch beim besten Willen weder erotisch, noch nicht mal skandalös oder schockierend. In manchen Erotikromanen werden Kopulationen oder andere sexuelle Vorgänge höchstens angedeutet – man fragt sich, warum solche Titel unter Erotik gelistet sind – noch nicht mal Pubertierende würden solche Bücher gierig unter der Schulbank lesen.

Um aber wieder zum eigentlichen Thema dieses Kapitels, den Verlagen, zurückzukommen: Ein weiterer Punkt, den ich diesen ankreide, ist, dass es bei den Entscheidungsträgern der Verlage oftmals keine Tabus und schon gar keine moralischen Bedenken gibt: Denn alles, was die Sensationsgier der Leser befriedigt, bringt auch Profit.

So stellten erst kürzlich – ich habe es mit eigenen Augen gesehen - ein falscher Arzt, ein Versicherungsbetrüger und ein Mörder stolz und ohne jede Scham im Fernsehen ihre Verlagsbücher vor. Hallo! Weder der Versicherungsbetrüger noch der falsche Arzt oder der Mörder waren sich irgendeiner Schuld bewusst. Schließlich seien die Leute selbst schuld, wenn sie so dumm seien und ihm glaubten, so der Versicherungsbetrüger.

Und der falsche Arzt war voller Hass, da er das Medizinstudium nicht geschafft hatte und so machte er sich kurzerhand selbst zum Halbgott in Weiß. Das Schlimme hierbei ist freilich, dass solchen „Autoren" sowohl von Verlagen als auch vom Fernsehen eine Bühne gegeben wird, auf welcher diese dann noch ihre Opfer verhöhnen und sich selbst frei von jeglicher Schuld sprechen. Hauptsache, die Quote und der Gewinn stimmen – die Moral dagegen wird in solchen Fällen sowohl von Verlagen als auch von solchen TV-Formaten außen vor gelassen.

Dann sind Verlage natürlich hilfreich für Leute, die selbst nicht schreiben können, aber nichtsdestotrotz ihre geistigen Ergüsse zum Besten geben möchten - und diesen „Autoren" wird dann durch einen Verlag ein „Coautor" als helfende Hand zur Seite gestellt. Zu diesem Personenkreis gehören (ehemalige) Prostituierte, die mit ausgefallenen und spektakulären Sexstorys aufwarten können – auf der anderen Seite natürlich auch „Promis" wie Boris Becker, dessen Buch trotz Autoren-Beistand unterirdisch schlecht ist (das ist natürlich nur die Meinung meiner Wenigkeit). Ich für meine Person brauche allerdings weder die Biographie von Boris Becker, noch die von Dieter Bohlen oder Thomas Anders. Ich will auch nichts über „Integrationsberater" Bushido lesen und schon gar nichts über Bettina Wulff.

Auch möchte ich mir das Gejammer („Ganz oben – ganz unten") des weich gefallenen ehemaligen Bundespräsidenten Christian Wulff ersparen. Ich habe auch nichts verpasst – so vermute ich wenigstens – wenn ich die Biographien von „Loddar" Matthäus und Oliver Kahn nicht gelesen habe. Und auch mit Büchern von Daniela Katzenberger und anderen Promis, die sich für rein gar nichts zu schade sind, möchte ich nicht meine Zeit vergeuden.

So meide ich jede Art der Selbstbeweihräucherungsliteratur solcher Promis, da diese Literatur mich schlichtweg auch nicht interessiert. Aber die Verlage springen natürlich auf den fahrenden Zug auf und publizieren liebend gerne die Biographien von mehr oder weniger bekannten Promis – vorzugsweise auch von solchen, die gerade bei Lanz oder einer anderen bekannten Talkshow ihr Gesicht in die Kamera strecken.

Dann gefallen dem Publikum natürlich noch Biographien und Geschichten aus der „guten alten Zeit", wie etwa das Buch „Herbstmilch", das zwar (einigermaßen) interessant ist, aber literarisch gesehen unterste Schuhsohle – das ist natürlich nur mein Standpunkt. Auf Sachbücher von Verlagen will ich an dieser Stelle nicht näher eingehen – was es aber damit (häufig) auf sich hat, habe ich in meinem Buch *„Schwedenbitter – Gottes Wundertrank oder Teufels Elixier?"* bereits ausführlich beschrieben. Ich beziehe mich in diesem Buch auf Maria Trebens Buch *„Gesundheit aus der Apotheke Gottes"* – das üble Machwerk gehört übrigens zu den meist verkauften Sachbüchern überhaupt und erreicht damit den Status eines wahren Bestsellers.

Einer der ganz großen Absahner im Bereich des Gesundheitswesens ist auch Hademar Bankhofer. Der selbsternannte Medizinexperte, der sich auch gerne als „Mr Gesundheit" bezeichnet, ist aber weder Arzt noch Apotheker.

Indes vermuten viele Leser von Bankhofers Büchern sicherlich, dass es sich bei diesem Herrn um einen besonders kompetenten Arzt handelt, da sich Bankhofer stets mit dem Professorentitel schmückt – der ihm in Österreich (!) zwar ganz ohne Habilitation, dafür aber wegen seiner besonderer Verdienste (?) verliehen wurde. Hademar Bankhofer ist aber nicht nur erfolgreicher Verlags(-autor) von Sachbüchern, er zeigt sich auch gerne im Fernsehen und gibt dort sein medizinisches „Wissen" zum Besten – ein Teil seiner Verträge beim Fernsehen wurde allerdings gekündigt, nachdem er in Verdacht geraten war, angeblich Schleichwerbung für pharmazeutische Produkte gemacht zu haben. Auch einige seiner Bücher seien nichts weiter als Werbebroschüren für bestimmte Produkte – so rügen zumindest manche Leser einen Teil seiner Bücher.

Auf jeden Fall moderiert Bankhofer jetzt ganz offiziell eine ca. 15 minütige Werbesendung für „Knobivital" – viele Zuschauer sind indes sicher bereit, einem mit einem Professorentitel geschmückten „Gesundheitsexperten" Glauben zu schenken – das adrette Halstuch, das mittlerweile Bankhofers Markenzeichen ist, trägt sicherlich sein Übriges dazu bei. Somit obliegt es allein den wissenschaftlichen Verlagen, ein sicheres Bollwerk gegen unglaubwürdige und unwissende Sachbuchautoren aus Publikumsverlagen und Selfpublishing zu errichten – und durch die Aufnahme von seriösen Sach- und Fachbüchern den Machwerken solcher „Gesundheitsexperten" einen festen Riegel vorzuschieben.

Um nun aber wieder zu den Verlagen im Allgemeinen zurückzukehren: Verlage sind kaum noch bereit, ein Wagnis oder Risiko einzugehen - und Neuautoren haben somit das Nachsehen, denn sie haben so gut wie keine Chance, einen Verlagsvertrag zu bekommen. Stattdessen kaufen deutsche Verlage lieber teure Auslandslizenzen von Büchern ein, die vor allem im englischsprachigen Raum bereits Bestseller sind. Auch auf diese Weise geht der Verlag natürlich keinerlei Risiko ein. Bisher hatten Verlage innovatives Denken auch gar nicht nötig, denn sie hatten sozusagen die gesamte Marktmacht inne. Unterstützt durch die Preisbindung und die Reglementierung des Buchhandels durch den Börsenverein, mussten sich die Verlage nie einem echten Preiswettbewerb stellen. Erst mit dem Aufkommen großer Buchhandelsketten und dem Erzfeind aller Buchhandlungen, Amazon, wäre hier ein Umdenken notwendig, was aber bis dato nicht erfolgt ist. Die Preisbindung im Buchmarkt führt dazu, dass der Verlag - obwohl er das Buch an Großkunden billiger abgeben muss als an kleine Großhändler - trotzdem die absolute Marktmacht über den Verkaufspreis innehat. Ursprünglich war das Ziel der Preisbindung, flächendeckend Bücher und damit Wissen überall zum gleichen Preis anzubieten.

Dies führt mittlerweile aber zu nicht mehr nachvollziehbaren Marktverzerrungen - wenn beispielsweise die gebundene Ausgabe eines Verlagsbuchs mit 300 Seiten 19,95 € kostet und das nicht mit Druckkosten und Versand belastete eBook für 17,95 € vom Verlag verkauft wird.

Noch schlimmer wirkt, dass eBooks mit 19 % Mehrwertsteuer belastet werden, aber gedruckte Bücher eben nur mit 7 % - dies ist überhaupt nicht nachvollziehbar und hat natürlich einen kräftigen Beigeschmack.

Verlagswesen und Buchhandel machen hier übrigens die gleichen Fehler und Entwicklungen durch, wie schon vorher die Musik- und die Filmindustrie. Viel zu spät wird auf geänderte Anforderungen des Marktes reagiert und stattdessen - genau wie bei der Musik- und Filmindustrie - nach staatlicher Protektion geschrien, statt sich mit den aktuellen Gegebenheiten des Marktes und den Kundenwünschen zu befassen.

Auch für Verlage wird sich diese zögerliche Haltung genau wie bei der Musik- und Filmindustrie rächen, und zwar in Form einer Marktbereinigung, die zu einer Besitzkonzentration der Verlage auf sehr wenige Verlage führen wird - Kleinverlage werden dagegen nur noch mit guten Nischenbüchern existieren können. Ob diese Konzentration des Verlagsmarkts auf wenige Verlage in kartellähnlicher Form dem freien Zugang der Leser zu Büchern zuträglich ist, darf indes bezweifelt werden. Insofern ist die Entwicklung des Selfpublishing-Markts positiv zu sehen, auch wenn dies von den Verlagen sicherlich anders eingeschätzt wird. Denn gleichsam wie ein Kartell entscheiden die Verlage nur zu gerne, was der Leser zu kaufen hat. Durch den Ankauf von Regalen oder Tischen in Buchhandlungen stellten und stellen die Verlage sicher, dass die Leser genau das kaufen, was ihnen präsentiert wird.

Denn so wie der Gast im Wirtshaus das isst, was auf der Speisekarte steht, so kauft der Leser auch das, was ihm angeboten und vorgesetzt wird.

Und aus diesem Grund sind Bestseller in den vordersten Reihen jeder Buchhandlung omnipräsent, so dass der Leser automatisch nach diesen Büchern greift. So war und ist teilweise noch immer die Marktmacht fest in der Hand der Verlage. Großverlage machen hierbei natürlich hauptsächlich für ihre Spitzentitel Werbung, der Rest der Autoren dümpelt dagegen in der Regel mehr oder weniger vor sich hin und ist auf eigene Vermarktung seiner Bücher angewiesen.

Der neue Trend, die immer weitere Verbreitung von Büchern von Selfpublishern, schmeckt den Verlagen natürlich überhaupt nicht und stößt diesen bitter auf. Die Verlage fürchten um die Aushebelung ihrer Machtposition, gleichzeitig müssen sie mitansehen, wie ihnen nach und nach die Felle wegschwimmen. Und so stellen die Verlage die Selfpublisher natürlich gerne als unfähige Dilettanten hin, die zudem noch beim bösen Amazon-Konzern veröffentlichen - auf der anderen Seite stellen sie die Verlagsautoren als die guten und echten Autoren hin.

Auch ist öfters zu lesen, dass Verlagsautoren Selfpublisher als „Laienautoren" bezeichnen – während diese sich anscheinend selbst in der Position der „Profiautoren" sehen. Dies wird manchmal noch durch den Vergleich von „Laienschauspielern" und „Profischauspielern" unterstrichen.

Soweit mir bekannt ist, ist Autor aber kein zu erlernender oder zu studierender Beruf (Ironie aus) – kann es dem Wesen des Berufs nach ja auch überhaupt nicht sein. Sicherlich, man kann Schreibschulen besuchen und das dort Gelernte fleißig zuhause büffeln und repetieren, man kann zig Ratgeber zur Kunst des Schreibens kaufen und das Gelesene auch umsetzen – all das wird aus einem schlechten Autor aber beileibe keinen Goethe machen. Denn die Begabung und auch die Leidenschaft zum Schreiben trägt man in sich oder nicht – die Kraft der Sprache, die etwas im Leser auslöst, die unnachahmlich ist - dieses Talent des Schreibens ist freilich nur wenigen gegeben – und diese Autoren haben sicherlich keine Bücher zum Thema Schreiben geschmökert oder Schreibkurse besucht.

Während sich die Märkte also verändern – um zum Thema zurückzukommen - wollen die Verlage nichtsdestotrotz an ihren alten Zöpfen und Pfründen festhalten. Indes wird der qualitative Unterschied von Verlagsbüchern und von Büchern von Selfpublishern oft maßlos überschätzt, in beiden Bereichen gibt es gute und schlechte Literatur – das zumindest ist meine Erfahrung als Vielleserin. Zu meinen Lieblings-Autoren aus dem Selfpublisherbereich zählen u. a. Annabelle Benn (anspruchsvolle Erotik), Peter Nimtsch (Psychothriller), Kari Lessir (Liebesromane), Brigitte Teufl-Heimhilcher (heitere Romane) und Leonie Haubrich (Psychothriller).

Von diesen Autoren habe ich bisher alle Bücher gelesen, nein, verschlungen habe ich diese - und ich entdecke jeden Tag weitere interessante Bücher aus dem Selfpublisherbereich, die sich bereits auf meinem Kindle stapeln und die nur noch von mir gelesen werden müssen. Natürlich lese ich auch Verlagsbücher und habe auch dort meine Lieblingsautoren – zurzeit lese ich aber hauptsächlich Bücher von Selfpublishern, aus Loyalität zu den freien Autoren und, um diese zu unterstützen.

Aber – um wieder von den Verlagen zu sprechen - diese haben natürlich noch weitere Argumente gegen die Selfpublisher gleichsam Assen in der Tasche: So wettern Verlage, dass hauptsächlich eBooks von Selfpublishern bei Amazon runtergeladen werden, weil diese billig sind – gelesen würden diese Bücher aber keineswegs, angesichts der schlechten Qualität. Das gleiche Phänomen gilt jedoch auch für Verlagsbücher. Man weiß mittlerweile, dass ein Großteil der Bücher, die gekauft werden, erst gar nicht gelesen wird. Entweder werden die Bücher verschenkt oder man kauft sie mal eben beim Stadtbummel oder in der Bahnhofsbuchhandlung, während man auf den Zug wartet. Gerade diese Spontankäufe verschwinden aber später auf Nimmerwiedersehen in irgendwelchen Regalen oder Bücherschränken, ohne dass diese überhaupt gelesen worden wären.

Ein Phänomen kenne ich allerdings vor allem von Verlagsbüchern: Oft sind Bücher von Selfpublishern holprig oder etwas hilflos geschrieben, das Thema an sich ist aber interessant, so dass man das Buch ohne weiteres zu Ende lesen kann und sich einigermaßen gut unterhalten fühlt.

Bei einigen Büchern von Verlagen konnte ich aber einfach, so sehr ich mich auch bemühte, nach einigen Seiten nicht weiterlesen, so gähnend langweilig waren diese Bücher und das Lesen war eine reine Qual - und so könnten einige dieser Bücher dann auch lediglich als nebenwirkungsarmes Schlafmittel bei Schlafstörungen dienen. Aber über Geschmack lässt sich bekanntlich ja nicht streiten und ich gebe hier nur meine persönliche Meinung wieder.

Um aber wieder auf den Zwist zwischen Verlagen und Selfpublishern zurückzukehren: Auf der einen Seite schimpfen die Verleger über Selfpublisher, auf der anderen Seite wollen sie aber auch an dem neuen Phänomen verdienen. Wie das? Lassen Sie es mich erklären: Neobooks - das Unternehmen gehört zum Droemer-Knaur-Verlag (Der Droemer-Knaur-Verlag wiederum gehört zur Holzbrinck-Gruppe, wie auch der Rowohlt-Verlag, der S. Fischer-Verlag, der Kiwi-Verlag, die Zeit, lovelybooks) – bietet Selfpublishern die Möglichkeit, über Neobooks ihre eBooks zu vertreiben. Neobooks stellt die ebooks der Selfpublisher wiederum für Weltbild, Thalia, Apple usw. bereit – die Buchhandlungen verkaufen dann die Bücher, während Neobooks als Distributor fungiert.

Dabei verdient Neobooks, ohne in irgendeiner Weise für die Bücher der Selfpublisher zu werben und ohne einen Finger zu krümmen (ich konnte bei einem versuchsweisen Einstellen meiner Bücher bei Neobooks jedenfalls nichts davon feststellen, ebenso wurde kein einziges Buch von mir direkt von Neobooks verkauft), kräftig am Verkauf jedes einzelnen eBooks mit.

Der größte Clou ist aber: Wenn ein Autor fleißig eBooks über Neobooks verkauft, wird diesem mit hoher Wahrscheinlichkeit ein Vertrag von Droemer-Knaur angeboten. Auf diese Weise sichert Droemer-Knaur sich durch die Auswahl von Selfpublishern, die viele Bücher verkaufen, einen Nachschub an neuen Autoren. Ohne jedes Risiko und ohne jede Arbeit. Wie war das gleich nochmal mit dem viel zitierten literarischen Anspruch der Verlage? Wie man sieht, geht es lediglich um Zahlen und ums Geld – denn derjenige Selfpublisher, der die meisten Bücher verkauft, sichert sich den begehrten Vertrag. Und Neobooks verdient also bei diesem findigen Geschäftsmodell für die reine Bereitstellung von etwas Serverkapazität und einigen Tools bei jedem verkauften eBook kräftig mit, ohne hierfür auch nur annährungsweise die Leistung eines Verlags zu bieten.

Rechnen wir doch mal nach – ein eBook für 4 € kostet ohne die MWSt. 3,36 € - davon bekommt der Selfpublisher bei Amazon 70 %, also 2,35 € je Buch. Für die 30 % = 1 € bewirbt Amazon das Buch auf seinen Seiten und macht die Abwicklung der Verkäufe, das Versenden der eBooks an die Kunden.

Das ist fair! Stellt man dagegen das gleiche Buch via Neobooks ein, gibt es in der Regel für den Autor nur noch 40 % des Preises – In die Tasche von Neobooks fallen dagegen 30 % (oder mehr) je Verkauf, nur für das einmalige Einstellen und Verteilen des Werks. – Sorry, aber dafür wird zu wenig Leistung geboten.

Das Ganze ist in meinen Augen eher ein Draufspringen auf den fahrenden Zug der eBooks des Autors und ein Modell, mit Minimalaufwand möglichst viel Geld zu verdienen.

Tja, und genau hinter diesem Modell stehen Verlage, die einem Autor für ein Buch (in der Regel) 5-10 % des Nettoladenpreises (ca. 5 % für Taschenbücher, ca. 10 % für Hardcover) zahlen – die gleichen Tantiemen werden auch bei den in der Regel stark überteuerten Verlags-eBooks bezahlt, und das bei weit günstigeren Vertriebs- und Herstellungskosten bei einem eBook. Mit anderen Worten – es geht nur ums Geld und nicht um die oft propagierte Aufgabe der Förderung von Autoren durch die Verlage.

Im Gegenteil, der Autor soll das Risiko alleine tragen, soll teilweise (bei einigen Verlagen) Vorschusskosten für Lektorat und Druck leisten – aber beim Verdienst hat der Verlag dann die Nase vorn. Im Zuge fallender Autorentantiemen bei gleichzeitig erheblich niedrigeren Druck- und Satzkosten als noch vor 20 Jahren, müssten die Margen der Verlage dagegen tatsächlich gestiegen sein.

Und wie sieht die Wirklichkeit weiter aus: Auch namhafte Verlage nutzen gerade bei unbekannten Autoren sogenannte Print On Demand Dienste, d. h. es werden auf Bestellung einzelne Exemplare gedruckt.

Auch der Buchhändler stellt sich nicht schlecht: So erhält er ca. 30-35 % dafür, dass er ein Buch via Computer bestellt, welches am nächsten oder übernächsten Tag eintrifft, denn vorrätig sind in der Regel nur aktuelle Bestseller. Der gleiche Buchhändler wird allerdings Amazon verteufeln, obwohl Amazon doch nur das Gleiche tut. Denn von Beratung im Buchhandel kann gerade bei Erstlingswerken in der Regel nicht ausgegangen werden.

Wer will es dem Leser da verübeln, dass er auf seinem PC ein Buch bestellt, das am nächsten Tag portofrei im Briefkasten liegt – ohne Benzinkosten fürs Fahren in die Buchhandlung, ohne Parkgebühren im Parkhaus und ohne endlose Wartezeiten, weil im Buchladen vielleicht gerade in mühevoller Diskussion 15 Minuten Wartezeit entsteht, weil jemand Geschenkpapier oder sonstige Nichtbuchartikel aussucht. Ich spreche hier natürlich nicht von den wirklich engagierten Buchhändlern, die ihre Kunden kennen wie ihre Westentasche, diesen immer wieder geeignete Bücher aussuchen, auch mal ein Käffchen mit diesen trinken und die v. a., was Bücher betrifft, immer up to date sind.

Es ist jedoch an der Zeit, dass sowohl Buchhandel als auch Verlage die Zeichen der Zeit erkennen und danach handeln – so sieht es aber momentan nicht aus. Die Verlage verharren eher in Warteposition, liegen auf der Lauer, und beobachten die Entwicklung der Zahlen der Selfpublisher – sie scheuen indes das Risiko und das Betreten neuer Pfade.

Gleichzeitig beschreiten sie die Pfade, welche die Selfpublisher bereits aus eigener Kraft gegangen sind – indem sie die Rechte für die am meisten verkauften Bücher der Selfpublisher einkaufen. So brauchen sie nur noch die reiche Ernte einzufahren, während die Selfpublisher mühevoll die Saat gesät haben. Denn kein Autor weiß im Vorfeld, ob sein Buch vom Publikum angenommen und geschätzt wird – im schlimmsten Fall setzt er mehrere Jahre unbezahlte Arbeit in ein Buch und das Werk wird dann zum großen Flop. Denn mit einem Buch, namentlich bei einem neuen Thema, ist es wie vor Gericht oder auf hoher See: Man weiß nicht, wie es ausgeht. Auch ich habe mich bei meinen Büchern regelmäßig verschätzt, bei meinen Prognosen, ob ein Buch erfolgreich werden würde oder nicht – es lief in jedem Fall genau anders ab, als ich es zuvor vermutete.

Zusammenfassend kann man also sagen, dass gerade der Buchmarkt der Selfpublisher in steter Bewegung ist. Und wie in anderen Bereichen gilt auch hier: Wer nicht mit der Zeit geht, geht mit der Zeit. Die Zeiten des Verlagsmonopols gehen auf jeden Fall ihrem Ende entgegen.

Weiter können Selfpublisher als Gegengewicht zu den großen Verlagen jenseits des Mainstreams publizieren. Als freie Autoren sind sie niemandem verpflichtet und können so auch Themen veröffentlichen, die Verlagen nicht profitabel erscheinen. Für die Leser ergibt sich durch die Bücher der Selfpublisher ein breites Angebot an Lesestoff, auch zu Themen, die für Verlage nicht rentabel genug sind, oder zu Nischenthemen, denen kein Verlag eine Chance geben würde. Gleichzeitig bieten Selfpublisher ihre eBooks zu konkurrenzlos günstigen Preisen an, Verlage müssen möglicherweise ebenfalls mit günstigeren Preisen nachziehen.

Weiter kann sich der Leser bei Büchern oder eBooks von Selfpublishern in der Regel eine Leseprobe von mindestens 10 % des gesamten Buchs runterladen – in der Regel erkennt der Konsument nach der Lektüre der Leseprobe, ob ihm das Buch zusagt oder nicht. Eine solche Leseprobe, die ein faires Angebot an den Leser ist, sucht man bei Verlagsbüchern freilich oft vergebens. Vielleicht sehen sich Verlage aus all den genannten Gründen künftig auch mehr in der Verantwortung, neue Wege zu beschreiten. Auf jeden Fall wird die zukünftige Entwicklung des Buchmarkts spannend bleiben.

Wie bekomme ich Rezensionen für mein Buch?

Ist das eigene Buch nun endlich fertig gestellt und bei (Amazon) eingestellt, wartet man als Autor sehnsüchtig auf Käufer und natürlich auch auf (gute) Rezensionen. Bei meinem ersten Buch ***Null Bock auf Mr Cock*** verfiel auch ich in regelrechten Aktionismus, um Rezensionen einheimsen zu können.

Also warf ich im Amazon KPD-Forum (Kindle Publishing-Forum: In diesem Forum können sich Amazon-Autoren über diverse Themen austauschen) die Frage in die Runde, wie man am besten zu Rezensionen käme. Nicht lange musste ich auf eine Antwort warten: Ein „Kollege" murrte, mein Buch sei doch eben erst eingestellt und schon jetzt hätte ich eine Rezension erhalten - und zwar von einem Leser mit dem gleichen Nachnamen wie ich. Wie könne das sein - ob das etwa Verwandtschaft von mir sei?

Da ich mich mit meinem realen Namen in dem Forum angemeldet hatte, konnte natürlich jeder Teilnehmer mein Buch nachschlagen - die meisten Teilnehmer sind dort dagegen, um anonym zu bleiben, nur mit einem Pseudonym angemeldet.

Naiv wie ich war, antwortete ich, jawohl, der Rezensent ist mein Bruder, er hat doch eine ganz sachliche und nüchterne Rezension geschrieben. Was soll denn bitte schlimm daran sein? Keine halbe Stunde später war die Rezension bei Amazon gelöscht – der anonyme „Kollege" hatte mich bei Amazon verpetzt.

Fortan war ich natürlich gewarnt, ich begriff, wie manche „Kollegen" tickten – die Geier kreisen überall - und unterließ es, Rezensionen von Familienangehörigen schreiben zu lassen – was auch laut den Richtlinien von Amazon nicht erlaubt ist, was ich zu Beginn meiner Autorentätigkeit jedoch noch nicht wusste.

Ich frage mich allerdings nichtsdestotrotz, was ehrlicher ist – wenn ein Familienangehöriger eine sachliche Rezension unter seinem richtigen Namen schreibt oder aber irgendein Pseudonym („Leser", „Profi" usw.), von dem niemand weiß, wer sich dahinter verbirgt - möglicherweise eben auch ein Familienangehöriger.

Wenn ich auf der anderen Seite auch sehe, dass einige Autoren ihre eigenen Bücher unter ihrem richtigen Namen bei Amazon rezensieren oder – was weit verwerflicher ist - dass einige Autoren kleine Geschenke für 5-Sterne-Rezensionen vergeben, dann frage ich mich allen Ernstes, ob da nicht mit zweierlei Maß gemessen wird – zumal die Vergabe von Geschenken an Rezensenten den Richtlinien von Amazon widerspricht – ebenso wie das Rezensieren von eigenen Büchern.

Aber nun zurück zu meinem ersten Buch. Nachdem also die Rezension meines Bruders gelöscht worden war, war ich so klug wie zuvor, und überlegte fieberhaft, was nun zu tun sein.

Also kaufte ich kurzerhand einen bekannten Ratgeber, in dem aufgeführt sein soll, wie man Rezensionen erhält – in diesem Buch sind Autoren und Blogger genannt, welche angeblich Bücher rezensieren.

In vielen Rezensionen wurde darüber hinaus gelobt, wie überaus hilfreich dieses Buch sei, um Rezensionen zu erhalten. Also machte ich mich voller Hoffnung an die Arbeit und schrieb eifrig zahlreiche dort genannte Blogger und Autoren an. Meist erfolgte gar keine Antwort, manchmal erhielt ich aber auch Absagen von den Bücherkritikern – mit dem Wortlaut, sie seien so ausgelastet, dass sie keine Bücher lesen und rezensieren könnten. Also wieder ein Griff ins Klo! Ich fragte mich an dieser Stelle nur, warum man sich in einem Buch als Rezensent aufführen lässt, wenn man gar nicht vorhat, Bücher zu rezensieren. Möglicherweise geht es nur darum, Werbung in eigener Sache zu betreiben.

Die dreisteste Absage bekam ich aber von einem Autor, der schon seit Jahrzehnten im Büchergeschäft ist. Seine Antwort auf meine Bitte nach einer Rezension möchte ich Ihnen nicht vorenthalten:

Liebe Angela,

vielen Dank für Deine vertrauensvolle Anfrage.

Ich werde seit Monaten mit Rezensionsanfragen überschüttet, es sind mehrere pro Tag.

Leider bin ich völlig außerstande, mich mit eingehenden Manuskripten und Rezensionswünschen zu befassen, da ich kein entsprechendes Personal habe.

Herzlichen Dank für Dein Verständnis.

Wenn Dir meine Bücher gefallen haben, würde ich mich über eine Bewertung auf Amazon freuen. Vielen Dank!

Sonnige Grüße....

Geht's noch? – so war mein erster Gedanke.

Da kauft man sich ein Buch, in dem Rezensenten genannt werden – in Wirklichkeit will aber zumindest dieser Autor nur Rezensionen für seine Bücher einheimsen. Am liebsten hätte ich geantwortet, dass auch ich kein Personal beschäftige und ich mindestens ebenso wenig wie er meine Zeit gestohlen hätte. Und ist es nicht auch so, dass der „alte Hase" und etablierte Autor – so er es denn ist - den jungen Autoren beistehen und diesen ein wenig auf die Füße helfen sollte – und nicht umgekehrt. Auf jeden Fall schloss ich nach Erhalt dieser Mail dieses eBook – für immer. Mit der Zeit lernte ich, dass ich mit solchen Ratgebern zum Erhalt von Rezensionen bzw. zur Vermarktung von Büchern nicht weiterkam – ich lernte dafür nach und nach einige sehr nette Bloggerinnen bei Facebook kennen, die sich meines Buchs *„Null Bock auf Mr Cock"* annahmen und es rezensierten. Auch konnte ich eine sehr gute Rezension für *„Null Bock auf Mr Cock"* bei Best e-book Finder einheimsen, über die ich mich noch immer freue.

Nachdem wiederum einige Zeit verstrichen war, entdeckte ich mitunter beim Googeln meines Namens im Internet Rezensionen für meine Bücher in bestimmten Bücherblogs – die Bücher wurden dort ohne mein Wissen und ohne dass ich Rezensionen angefragt hätte, besprochen.

Dies freut einen Autor natürlich besonders. Eile mit Weile, heißt also die Devise, Rezensionen von Lesern oder Bloggern laufen zwar langsam, dann aber sicher an.

Verzichten sollte man dagegen auf jeden Fall auf den Kauf von Rezensionen oder auf den bloßen Tausch von Rezensionen unter Autoren. Diese Praxis des Rezensionstausches ist zwar gängig, aber wohl genauso auch am Rande der Legalität anzusiedeln. Anders verhält es sich natürlich mit dem gegenseitigen Lesen und Rezensieren von Büchern unter Autoren. Da ich gerne und viel lese, bereitet es mir natürlich Freude, Bücher von Kollegen zu lesen und zu bewerten. Umgekehrt erhält man auch ehrliches Feedback für seine eigenen Bücher und diese Praxis ist für beiden Parteien nützlich.

Auf der anderen Seite gibt es aber auch Autoren, die möchten, dass ihre Bücher gelesen und bewertet werden, die es aber umgekehrt nicht für nötig halten, Bücher anderer Autoren zu lesen und zu rezensieren. Dieses Verhalten ist freilich ganz schlechter Stil. Erst neulich bekam ich bspw. eine Nachricht auf Facebook von einer Autorin, mit der Frage, ob wir nicht auf Gegenseitigkeit ein Buch vom jeweils anderen lesen und rezensieren könnten.

Ich stimmte zu, las und rezensierte ein Buch der Autorin, das mir auch gut gefiel. Zwei Wochen vergingen, ich fragte vorsichtig bei der Autorin nach, ob sie vielleicht nun auch mal ein Buch von mir lesen wollte. Ihre Antwort war: Leider habe sie keine Zeit dazu. Geht's noch? Sie selbst hatte mich doch angeschrieben, und mich gefragt, ob sie ein Buch von mir lesen solle. Ich denke, manche Autoren sind sich indes ihres schlechten Benehmens gar nicht einmal bewusst. Gleichzeitig spamt die gleiche Autorin, die angeblich keine Zeit hat, sämtliche Gruppen kontinuierlich mit Werbung zu ihren Büchern zu.

Und dies ist beileibe kein Einzelfall: Auch andere Autoren, die bei mir wegen gegenseitigen Kaufs und Bewertung von Büchern nachfragten, hatten dann „vergessen", ein Buch von mir zu lesen usw. Mit der Zeit findet man freilich raus, auf wen aus der großen Facebook-Welt Verlass ist und auf wen nicht. Auf jeden Fall ist der Austausch unter Kollegen immens wichtig, da diese auch sehr gut Feedback zu Fragen wie z. B. zum Schreibstil eines Buchs geben können.

Wie gehe ich mit schlechten Rezensionen um?

Nun, irgendwann kommt für jeden Autor der Tag, an dem er eine schlechte Rezension für sein Buch erhält.

Bücher, die kaum gelesen werden, sind von der Gefahr, schlechte Rezensionen zu erhalten, eher gebannt, denn solche Bücher erregen keine große Aufmerksamkeit – sie werden weder beneidet noch beachtet. Infolgedessen haben auch bei mir die meist verkauften Bücher die schlechtesten Rezensionen erhalten. Warum das so ist? Die Frage lässt sich wohl nicht ganz eindeutig beantworten.

Bei einigen Rezensionen für meine Bücher ist hingegen glasklar, dass sie von anderen Autoren stammen. So bewertet bspw. eine Autorin gleich drei meiner Bücher schlecht (welcher Leser würde drei Bücher einer Autorin lesen, die er so schlecht findet?), während von der gleichen „Rezensentin" Bücher mit nahezu dem gleichen Thema – offenbar die Bücher der Autorin - vollmundig gelobt werden.

Weiter habe ich Rezensionen zu meinen Büchern erhalten, in denen auf externe links (auf meine Homepage, auf Bilder von mir usw.) verwiesen wird. Obwohl solche Verweise auf externe links – die ja rein gar nichts mit dem zu rezensierenden Buch zu tun haben - nach den Richtlinien von Amazon verboten sind, hat Amazon nicht daran gedacht, die entsprechenden Rezensionen zu löschen - obwohl ich in mehreren Mails darauf aufmerksam gemacht hatte.

Genauso verhält es sich - eigentlich - mit Rezensionen, die Kommentare zu anderen auf der Seite dargestellten Rezensionen enthalten, sowie mit Rezensionen, die gehässige Bemerkungen enthalten. Auch solche Rezensionen hatte ich erhalten, diese sind laut Amazons Richtlinien ebenfalls nicht gestattet – nichtsdestotrotz nutzte mein diesbezüglicher Protest bei Amazon rein gar nichts, die Rezensionen blieben stehen und kleben dort noch immer wie Fliegendreck. Traurig ist indes, dass Amazon sich nicht einmal an seine eigenen Richtlinien zu halten scheint.

Auffällig sind in jedem Fall immer Rezensionen, bei denen der Autor persönlich angegriffen oder beleidigt wird. Weiter solche Rezensionen, bei denen es sich um die einzige Rezension des Rezensenten handelt. Dubios sind auch Rezensionen, bei denen auf andere Rezensionen zu dem Buch Bezug genommen wird. Insbesondere sprechen aber solche Rezensionen für Hasstiraden von anderen Autoren, bei denen Persönliches zum Autor recherchiert wird. Welcher Leser würde sich die Mühe machen, Nachforschungen über einen Autor anzustellen?

Eine weitere Sache möchte ich Ihnen in diesem Zusammenhang nicht vorenthalten: Neulich hatte ich erst eine Mail, dann eine weitere, von einer Autorin erhalten, die mich – unberechtigterweise - verdächtigte, zwei negative Rezensionen für zwei ihrer Bücher geschrieben zu haben: Zunächst leitete sie eine Mail an mich weiter, die sie ihrer Aussage nach zuvor an Amazon geschrieben hatte:

„Nun auch noch meine Mail an Amazon, damit Sie sehen, dass ich es ernst meine: Ich denke, Sie [Amazon] können feststellen, von welcher Seite diese Rezensionen kommen. Ich habe weder Lust auf einen Kleinkrieg mit dieser Autorin, werde aber diese Angriffe nicht dulden. Bitte löschen Sie diese unverschämten Rezensionen. Außerdem würde ich Sie bitten auch mal zu prüfen, ob das im Sinne von Amazon ist, wenn eine Autorin derartige Verhaltensweisen an den Tag legt. Ich würde Ihnen empfehlen, die Autorin zu verwarnen oder die Bücher zu sperren.

Das ist ja wohl absolut wettbewerbsschädigend und eine unmögliche Verhaltensweise. Ich habe mich mit der Sache auch bereits mit meinem Anwalt beraten um rechtliche Schritte einzuleiten. Freundliche Grüße...“

Was also tun, wenn man eine solche Mail erhält? Zunächst dachte ich mir – ich hatte ja nichts getan, also musste ich mich auch nicht exkulpieren - ich warte einfach ab, wie und ob Amazon reagiert. Und reagierte Amazon? Offenbar, denn eine der beiden Rezensionen, die meines Erachtens von einer ganz normalen Leserin stammten, war schon am nächsten Tag gelöscht.

Da die rasende Autorin der Ansicht war, ich sei die Urheberin der schlechten Rezension und mir entsprechend drohte, wusste sie wohl überhaupt nicht, wer wirklich hinter der Rezension stand – und konnte somit die wahre Rezensentin nicht anschreiben.

Ich hatte mir natürlich zuvor die gelöschte Rezension – auf welche mich die rasende Autorin hingewiesen hatte - angeschaut, diese lautete:

„Was für ein Müll. Der nächste Fehlkauf des Jahres. Was ist das bloß für Müll und ich ärgere mich, warum ich aufgrund der tollen Rezensionen dazu entschlossen habe das zu kaufen."

Obwohl diese Rezension den Richtlinien von Amazon **nicht** widersprach, wurde sie – offenbar von Amazon – gelöscht. Wird also hier, wenn es um Rezensionen geht, mit zweierlei Maß gemessen? Werden auf der einen Seite Rezensionen, die eindeutig gegen Amazons Richtlinien verstoßen – wie in meinem Fall - stehen gelassen, während normale Leserrezensionen verschwinden? Entfernt Amazon etwa schlechte Rezensionen, wenn der Löwe – pardon die Autorin - nur laut genug brüllt und mit Anwälten droht? Fragen über Fragen.

Die guten Rezensionen der Autorin blieben übrigens auch weiterhin stehen, obwohl in vielen schlechten Rezensionen von Rezensionsbetrug die Rede ist – so erhält der Leser jeweils ein weiteres Buch der Autorin, wenn er das gelesene Buch mit fünf Sternen versieht.

Zwei Tage später – die eine schlechte Rezension war also entfernt, die andere stand noch da - war wieder eine Mail der rasenden Autorin in meinem Postfach:

„Eine Rezension ist bereits wieder durch Amazon gelöscht… Sie riskieren einen Komplett-Rausschmiss aus Amazon. Da Sie von Ihrer Seite nichts unternommen haben und die 2. Rezension noch im System ist (ich melde sie auch gleich heute noch) leite ich die Angelegenheit an unseren Anwalt Herrn xxxxx weiter.
Sie bekommen auf jeden Fall Post von meinem Anwalt, sollte die Bewertung nicht heute verschwinden. Ich werde dann auch soweit bohren, dass Sie von Amazon ausgeschlossen werden."

Post vom Anwalt ist freilich nie gekommen – es handelte sich natürlich um eine haltlose und leere Drohung der wütenden Autorin. Die Kosten für den Anwalt hätte die Autorin natürlich auch selber tragen müssen – da ich mit der Sache ja nichts zu tun hatte – zudem hätte sie noch mit einer Verleumdungsbeschwerde meinerseits rechnen müssen. Es ist bezeichnend, dass hier wirklich die Vorstellung herrscht, dass man Amazon dazu bewegen könne, einen Autor „rauszuschmeißen" - aufgrund einer Rezension, die dieser noch nicht mal geschrieben hat. Auf jeden Fall hatte ich dieser „zahnlosen Tigerin", die nichtsdestotrotz meinte, mir drohen und mich einschüchtern zu können, auch später nicht geantwortet.

Anscheinend kommt diese Autorin aber nicht mit schlechten Rezensionen - von Kunden - zurecht und setzt alle Hebel in Bewegung, um diese wieder entfernen zu lassen. Jedoch sollte man sich als Autor auch mit Kritik von Lesern auseinandersetzen können und diese ernst nehmen. Denn als Autor möchte man ja im Regelfall immer besser werden und da kann konstruktive Kritik von Lesern in jedem Fall weiterhelfen. Nicht akzeptabel sind dagegen Rezensionen mit persönlichen und beleidigen Angriffen auf die Person des Autors und inhaltlich nicht zutreffende Verrisse zu einem Buch – solche Rezensionen stammen überwiegend von anderen Autoren. Autoren, die ihren Frust oder auch ihren Neid auf andere Autoren anonym via Internet loslassen, sind freilich charakterlich und menschlich gesehen in die unterste Schublade einzuordnen. Dieses Fehlverhalten einiger Autoren aufzuzeigen, war einer der Gründe für mich, dieses Buch zu schreiben – denn man sieht sich im Leben bekanntlich immer zweimal.

Fernsehauftritt beim SWR

Ein besonderes, nicht alltägliches Highlight für mich als Autorin war ein Auftritt bei der „Landesschau" - beim Südwestdeutschen Rundfunk in Mainz. Völlig unerwartet – ich hielt es zunächst für einen Scherz - erhielt ich einen Anruf von dem Fernsehsender, ob ich mir vorstellen könne, mein Buch *„Null Bock auf Mr Cock"* bei der Landesschau vorzustellen.

Ich zögerte natürlich keine Sekunde, denn diese Gelegenheit wollte ich mir auf keinen Fall entgehen lassen. Und so trafen wir eines schönen Nachmittags – ich hatte meinen Mann als Verstärkung mitgenommen – in Mainz ein und wurden dort äußerst freundlich in Empfang genommen.

Dann ging es in die Maske! Wie ich mich fühlte, ein klein wenig wie ein Fernsehstar. Dann nahmen wir auch schon auf dem roten Sofa der Landesschau Platz, alle Personen dort – angefangen von der Kamera, über die Regie bis zur Moderatorin – agierten so professionell und freundlich, dass keinerlei Aufregung bei mir aufkam. Und so lief die Sendung ganz vergnüglich und entspannt ab.

Wer allerdings denkt, dass nach einem Fernsehauftritt die Buchverkäufe exponentiell ansteigen, der irrt gewaltig. Ein paar Buchverkäufe mehr als sonst konnte ich verbuchen, das war allerdings alles. Um nichts in der Welt würde ich mir jedoch den Spaß einer weiteren Fernsehsendung entgehen lassen – wenn ich erneut ein Angebot erhalten würde, würde ich sofort zuschlagen, ohne mit der Wimper zu zucken.

Witzig war auch, dass ich nach der Sendung vielerorts – bspw. in der Eisdiele und in der Apotheke – auf den Fernsehauftritt angesprochen wurde. So betrat eine Kundin die Apotheke und rief mir sofort zu: „Ich habe Sie gestern im Fernsehen gesehen." Ich muss zugeben, ein insgeheimes Grinsen konnte ich mir nicht verbergen.

So denke ich ab und zu noch immer gerne an meinen kleinen Fernsehauftritt zurück.

Soziale Netzwerke

Die bekanntesten sozialen Netzwerke sind Facebook, Twitter, Instagram, Pinterest und Google+. Das mit Abstand meist genutzte soziale Netzwerk ist natürlich Facebook, gefolgt von Twitter. Weitere Netzwerke, die aber mehr der Pflege von beruflichen Kontakten dienen, und für Autoren – meiner Meinung nach - eher uninteressant sind, sind Xing und Linkedin. Ich persönlich nutze nur Facebook, die meisten Autoren sind aber noch in mindestens einem weiteren Netzwerk vertreten oder gar in mehreren. Da für mich persönlich Facebook sich aber nicht als sehr wirksames Marketinginstrument erwiesen hat, sehe ich natürlich keinen Anlass, in weiteren sozialen Netzwerken präsent zu sein.

Aber auch hier macht jeder Autor andere Erfahrungen. Viele Autoren haben sich bspw. über Facebook einen beachtlichen Fankreis aufgebaut – dies gilt jedoch wohl eher für Autoren von Belletristik. Diese Autoren unterrichten ihren Fankreis regelmäßig über Neuerscheinungen, Lesungen, Gewinnspiele usw. So wird die Facebook-Seite von vielen Autoren zu rein kommerziellen Zwecken genutzt, private Bilder oder persönliche Angelegenheiten werden dagegen nicht gepostet.

Wer allerdings ausschließlich Werbung für seine Bücher postet, macht sich bei seinen Facebook-Freunden und Fans auch nicht gerade beliebt.

Aus diesem Grund ist es ratsam – so habe ich mir sagen lassen – nur jedes zehnte Posting zu Werbezwecken zu verwenden - dazwischen sollen harmlose und gut gelaunte Bilder und Nachrichten gepostet werden – bspw. Bilder von niedlichen Hunden und Katzen, Blumengrüße, Witze usw. Ich habe mir diese Empfehlung allerdings nicht zu Eigen gemacht – ich poste in der Regel auf meiner Facebook-Seite meine Bücher nur sporadisch, meist jeweils die Neuerscheinungen.

Meine Facebook-Freunde setzen sich zum einen aus Verwandten/Freunden/Bekannten zusammen, weiter aus Autoren, dann aus Anfragen von anderen, mir unbekannten Personen. Nun, zu Anfang meiner Schreibtätigkeit habe ich sämtliche Freundschaftsanfragen bestätigt, mittlerweile bin ich in dieser Hinsicht vorsichtiger geworden. Bei neuen Anfragen handelt es sich vorwiegend um andere Autoren, was diese allerdings mit ihren Anfragen bezwecken, ist mir oft nicht ganz klar. Denn meistens hört man nach Annahme der „Freundschaft" nichts mehr von diesem Personenkreis. Sehr viele Autoren verschicken aber Freundschaftsanfragen, in der Hoffnung auf Käufer ihrer Bücher.

So posten diese nach Bestätigung der Freundschaft auch manchmal gleich ihre Bücher oder den Link zu ihrer Autorenseite auf meine Facebook-Seite – ihre eigene Facebook-Seite dagegen erlaubt meist keine Postings von anderen Personen. Meistens handelt es sich hierbei um die gleichen Personen, die mir gleich eine Einladung schicken, ihre Autorenseite zu liken – was ich meist auch mache.

Lädt man die gleichen Autoren umgekehrt ein, auch meine Autorenseite zu liken – so verstehe wenigstens ich „quid pro quo" – dann wartet man häufig vergebens auf ein sogenanntes Relike. Warum das so ist, entzieht sich meiner Kenntnis. Ich vermute diese Tatsache liegt in der Eitelkeit vieler Autoren begründet, deren Horizont sich leider nur um die eigenen Bücher dreht. Auf jeden Fall empfiehlt es sich aber, unabhängig von der privaten Facebook-Seite, eine entsprechende Autorenseite bei Facebook anzulegen, und für diese möglichst viele Fans zu gewinnen, um die eigene Sichtbarkeit bei Facebook zu erhöhen.

Auf dieser Autorenseite poste ich wiederum keine privaten Angelegenheiten, diese Seite kann – im Gegensatz zur privaten Facebook Seite – von jedermann eingesehen werden – das ist ja auch Sinn und Zweck der Seite. Weiter hebe ich alle Postings auf der Autorenseite mit Hashtags hervor, um wiederum besser im Internet gesehen zu werden.

Die eigenen Bücher kann man natürlich nicht nur auf seiner persönlichen Autorenseite posten, sondern auch auf etlichen Gruppenseiten für Autoren und Bücher. Man muss allerdings dazu sagen, dass viele Seiten einem Großteil der Autoren lediglich dazu dient, die eigenen Bücher zu posten, um dann die Seite schleunigst wieder zu verlassen – ohne den Büchern der anderen Autoren überhaupt Beachtung geschenkt zu haben. Auf jeden Fall findet man mit der Zeit heraus, auf welchen Seiten es sinnvoll ist, seine Bücher zu posten und auf welchen Seiten es vergebliche Liebesmühe ist.

Man kann seine Bücher natürlich nicht nur auf Bücher- und Autorenseiten posten, sondern auch auf Seiten, die zum jeweiligen Thema des Buchs passen. So poste ich bspw. mein Buch *„Die Alraune – Pflanze der Liebe, Pflanze des Todes"* gerne auf Mittelalterseiten oder auf Seiten von Liebespflanzen.

Aber Vorsicht: Nicht in jeder Gruppe oder auf jeder Seite ist Werbung erlaubt oder erwünscht, manchmal wird man nach Posten von Werbung in wirklich unschöner Weise angepöbelt.

Aber auch dafür entwickelt man mit der Zeit ein Gespür. So gibt es z. B. auch Gruppen, bei denen der Verwalter der Gruppe nur seine eigene Werbung duldet. Neulich hatte ich bspw. mein Matcha-Buch in einer Matcha-Gruppe gepostet, sofort hat mich ein Gruppenteilnehmer gerügt und angepöbelt, dass nur der von ihm (im Schneeballverfahren vertriebene) Matcha-Tee der einzig wahre Matcha-Tee sei. Dieser unsägliche Typ hatte sich nicht mal die Mühe gemacht, mein Posting durchzulesen – ansonsten hätte er gesehen, dass ich keinen Tee vertreibe, sondern lediglich mein Buch vorstellen wollte. Eine andere Teilnehmerin der Gruppe wollte mir kurzerhand eine größere Menge ihres Matcha-Tees verkaufen. Dies alles sind Gründe, weshalb ich nur noch selten meine Bücher auf Facebookseiten poste.

Natürlich eignet sich Facebook hervorragend, um mit anderen Autoren in Kontakt zu treten, um sich bzgl. aller Anliegen des Autorenlebens auszutauschen.

Von vielen Autorenkollegen habe ich sehr hilfreiche Tipps bekommen, man berät sich, man baut sich auf, ja man tröstet sich sogar mitunter.

So wächst einem der ein oder andere Facebook Freund – obwohl man diesen gar nicht persönlich kennt - ans Herz, wie ein wahrer Freund. Und natürlich bahnen sich auf diesem Wege auch schöne Offline–Freundschaften an. Gerade die Autoren, die einem bereits bei Facebook sympathisch sind, sind es meist dann auch im wahren Leben.

Weiter gibt es bei Facebook zahlreiche Gruppen für Selfpublisher, in denen man Fragen zu Problemen des Autorenlebens stellen kann – hier erhält der Autor in der Regel kompetent Auskunft von anderen Autoren zu seinem jeweiligen Anliegen. Auf jeden Fall ist es für jeden Autor, der nicht einsam und allein im stillen Kämmerchen sein Ding durchziehen will, ratsam, den Kontakt zu einigen sympathischen Autoren bei Facebook zu suchen. Diese Kollegen lesen in der Regel auch Bücher auf Gegenseitigkeit, schreiben mitunter auch Rezensionen und geben selbstlos Tipps und Erfahrungen an andere Autoren weiter.

Epilog – Dialog mit meiner Schwester

„Mit diesem Buch wirst Du Dir – möglicherweise – keine Freunde machen." sagt meine Schwester nach Lesen des Manuskripts lapidar. *„Und warum redest Du kritisch über Deine Kollegen, es heißt doch, eine Krähe hackt der anderen kein Auge aus."*

„Liebe Schwester" so meine Antwort *„ich sehe Autoren, die ihre Leser betrügen, nicht als meine „Kollegen"* - und ich sehe keinen Grund, weshalb ich diesen noch die Stange halten sollte. Und warum ich gute Miene zum bösen Spiel machen sollte. Betrüger zu decken oder zu schützen, das ist in meinen Augen falsch verstandene Loyalität. Im Gegenteil, die Unredlichkeit und die betrügerischen Machenschaften dieser Autoren fügen dem Ruf ernsthafter Selfpublisher schweren Schaden zu.

Denn ich sehe weiter Autoren, die jahrelang an einem Manuskript schreiben, aus Leidenschaft und Idealismus. Ich sehe, dass diese Autoren - deren Arbeit häufig in faszinierenden und spannenden Büchern endet, ohne dass sich der entsprechende finanzielle Erfolg einstellt - oft in einen Topf mit den Goldgräbern geworfen werden, welche die Gunst der Stunde nutzen und den schnellen Reibach machen wollen. Mit Halbwissen gesegnet, verbreiten diese Bauernfänger halbe Wahrheiten oder auch Unwahrheiten.

Deshalb möchte ich hier, in diesem Buch, mit dem kritischen Leser einen Blick hinter die schöne Fassade des Büchermarkts werfen und zeigen, dass die Gier nach Geld – wie überall – oft jegliche Moral vergessen lässt.

Dies niederzuschreiben, war mir ein Anliegen, oder vielmehr ein Drang."

„Schön und gut." erwidert meine Schwester *„aber ist dieses Buch nicht auch so was wie eine Abrechnung, eine Abrechnung an so manchen anderen Autoren?"*

„Abrechnung?" frage ich *„Sieh es eher als Aufarbeitung"* – Abrechnung ist ein so hartes Wort - meiner Erfahrungen der letzten Jahre, meiner Erlebnisse als Autorin. Aber betrachte es meinetwegen auch als Abrechnung – als Abrechnung an den Autoren, die stets anonym und ohne ihre wahre Identität auftreten – ob als betrügerischer Autor, ob als Rezensent von Hasstiraden gegen andere Autoren. Diese „Autoren", die anonym und ohne Bild – oder mit falschen oder uralten Bildern auftreten – rügen mein Aussehen oder behaupten weiter, dass „einiges nicht stimme", was in meinen Büchern steht. Geschützt im Anonymen, Namenlosen, Gesichtslosen des Internets zeigt der Mensch seinen wirklichen Charakter. Versteckt, unerkannt, zeigt so manch einer keinen Anstand mehr. Frust wird dann abreagiert und Hass ungehemmt losgelassen, Grenzen werden überschritten.

Im Heckenschutz des worldwideweb lernt man den wahren Menschen kennen. Der virtuelle Hammer wird ausgepackt, im Internet, und dann losgeprügelt, Menschen werden beleidigt und verunglimpft. – Ich aber möchte mich dem widersetzen, diesem anonymen Treiben im Internet. Ich möchte offen zu meinen Meinungen stehen – mit meinem Namen, nicht mit einem Pseudonym. Ich möchte zu dem, was ich sage, stehen können – heute, und auch noch morgen. Und ohne falsche Rücksichten."

„Ja das bist Du" überlegt meine Schwester *„und so warst Du schon immer, und auch Deine Aussagen passen zu Dir"*. Ich erinnere mich noch, wie Du in der Schule, damals schon, niemals Deinen Mund gehalten hast und so manchen vor den Kopf gestoßen hast. Aber auf uns, die Familie, konntest Du immer zählen. Und das ist es doch auch, was es einem ermöglicht, seine Meinung zu sagen, wenn man Menschen hinter sich weiß, die zu einem halten."

„Ja" stimme ich meiner Schwester zu *„da hast wohl Recht."*

„Jetzt lass uns aber endlich dieses Manuskript schließen" so meine Schwester *„lass uns rausgehen, meinetwegen tanzen, oder anderweitig diesen wunderschönen Sommertag nutzen."*

Danksagung

Ich bedanke ich mich für das kritische Lesen des Manuskripts und für zahlreiche hilfreiche Tipps bei meinem Bruder Dr. Ulrich Fetzner, bei meiner Freundin und Kollegin Annabelle Benn, bei meinem Mann Michael Raab, sowie bei meiner Schwester Gabi und meiner Nichte Isabelle. Für die Gestaltung des Buchs und der Cover danke ich meinem Mann.

Zur Autorin

Dr. Angela Raab geb. Fetzner, geboren in Bad Kissingen, ebenda auch aufgewachsen. Studium der Pharmazie in Würzburg, anschließend Approbation zur Apothekerin. Aufbaustudium der Pharmaziegeschichte in Marburg, Abschluss als Pharmaziehistorikerin. Dort auch Promotion zum Dr. rer. nat.

Seit 1996 bis dato Arbeit in öffentlichen Apotheken und Krankenhausapotheken in ganz Deutschland sowie der Schweiz. Daneben Seminartätigkeit im In- und Ausland.

Ein herzliches Dankeschön

an dieser Stelle an alle werten Leserinnen und Leser.

Wenn Ihnen mein Buch gefallen hat und dieses für Sie nützlich ist, würde ich mich über eine kurze Rezension freuen.

Lob, Kritik oder Anregungen können Sie mir gerne auf meiner Facebook-Seite:
https://www.facebook.com/AngelaFetzner

oder auf meiner Autorenhomepage mitteilen:
http://www.angela-fetzner.de

Bücher von Dr. Angela Fetzner

Finden Sie alle auf meiner Autorenhomepage:
http://www.angela-fetzner.de

Hier können Sie sich auch für meinen Newsletter anmelden, um regelmäßig Informationen über neue Bücher, Preisaktionen, Verlosungen und Gesundheitstipps zu erhalten.

Außerdem finden Sie meine E-Books in allen führenden Online Shops und die Druckbücher im Versand- und Standardbuchhandel.

Qualität im Zeichen des Mörsers

Warum Qualität im Zeichen des Mörsers?

Auch aufgrund der in diesem Buch beschriebenen Erfahrungen habe ich „Qualität im Zeichen des Mörsers" ins Leben gerufen.

Warum Fachbuch, Sachbuch und Ratgeber in den Bereichen Medizin, Pharmazie und Gesundheit besser nicht von Laien geschrieben werden sollten? Nun, die Gründe liegen auf der Hand – gerade in diesem sensiblen Bereich ist eine genaue, fachlich kompetente Überprüfung der Inhalte erforderlich. Im Zuge der an sich positiven Öffnung des Buchmarkts ergeben sich leider aber auch Märkte für Betrüger, Scharlatane und selbst ernannte Experten. Deshalb sollte der Leser VOR dem Kauf eines Buches wissen, wer wirklich als Autor dahinter steht. Ein Großteil der Gesundheitsbücher wird von Laien geschrieben, welche über keinerlei medizinische oder pharmazeutische Ausbildung verfügen. Damit diese Tatsache dem Leser nicht auffällt, schreiben diese Autoren unter einem Pseudonym und legen großartige, gefälschte Autorenprofile an, in denen sie wahlweise Ärzte, andere Doktoren, Ernährungswissenschaftler, Ernährungsberater, Heilpraktiker, Coachs oder Psychologen sind.

Dazu kommen noch gefakte (käufliche) Fotos von jungen, dynamisch wirkenden Personen – welche diese Autoren aber natürlich gar nicht sind. Der Fantasie des Betrugs sind hier keinerlei Grenzen gesetzt.

Auf diese Weise wollen diese Fake-Autoren Kompetenz vortäuschen, welche sie in Wirklichkeit natürlich nicht besitzen. Liest man die „Bücher" dieser falschen Autoren durch, werden dort bestenfalls nutzlose Hinweise gegeben – ich habe aber auch schon „gute" Ratschläge gesehen, welche dem Leser das Leben kosten können… Das Problem ist hierbei, dass die Leser den scheinbaren Experten vertrauen und als Laien ja auch gar nicht merken, was in solchen „Büchern" vom Stapel gelassen wird. Hinzu kommt, dass viele der „Autoren" „Mehrfachidentitäten" besitzen, d. h. sie benutzen mehrere Pseudonyme, unter denen sie oftmals den gleichen Content veröffentlichen.

Der Anteil an höchst unprofessionellen, inhaltlich falschen, gefährlichen und wertlosen „Büchern" – die „Bücher" umfassen hierbei oft nur 10-60 Seiten – steigt exponentiell an, so dass sich der Leser erstmal den Weg durch all diese „Werke" bahnen muss.

Aus diesem Grund habe ich – um eine Schneise in den kaum zu durchdringenden Dschungel von qualitativ minderwertiger Laiensachliteratur zu schlagen - das Qualitätslogo im Zeichen des Mörsers entwerfen und schützen lassen, welches dem Leser geprüfte Qualität verspricht.

Qualität im Zeichen des Mörsers

Der Mörser gilt seit dem späten Mittelalter als das bekannteste mit der Apotheke verbundene Symbol und als das Apothekenwahrzeichen schlechthin.

Bei Büchern im Zeichen des Mörsers können Sie darauf vertrauen, dass die Autorin als promovierte Apothekerin sowohl die entsprechende Fachkompetenz als auch die notwendige Praxiserfahrung besitzt. Alle Bücher entsprechen dem aktuellen Wissensstand der Medizin und Pharmazie.

Als Apothekerin der Praxis mit dem entsprechenden fachlichen Wissen ist es das Anliegen der Autorin, dem Leser komplizierte medizinische und pharmazeutische Sachverhalte verständlich nahe zu bringen.

Als unabhängige Autorin und Apothekerin fühlt sich die Verfasserin nur der Gesundheit und dem Wohl der Menschen verpflichtet.

Schwedenbitter – Gottes Wundertrank oder Teufels Elixier?

„In bunten Bildern wenig Klarheit, viel Irrtum und ein Fünkchen Wahrheit, so wird der beste Trank gebraut, der alle Welt erquickt und auferbaut."

(Johann Wolfgang von Goethe)

Prolog

Schwedenbitter ist die alkoholische Zuberei-
tung aus einer Mischung bestimmter pflanzli-
cher Kräuter, der sogenannten Schwedenkräuter.
Schwedenbitter ist ein typisches Beispiel für ein
angebliches Wundermittel, das gegen fast alle
Beschwerden und Krankheiten helfen soll. Ist
Schwedenbitter nun tatsächlich ein Allheilmittel
oder vielmehr ein Elixier des Teufels? Dieser bri-
santen Frage geht Apothekerin Dr. Angela Fetzner in ihrem Buch ausführlich nach.

Die Autorin berät und informiert als promovier-
te Apothekerin seit zwei Jahrzehnten zahlreiche
Kunden. Dabei hat sie ein ständig wachsendes
Interesse ihrer Kunden an Naturheilmitteln wie
Heilkräutern festgestellt. Ihr Anliegen ist es, in
diesem Ratgeber über die sinnvolle Anwendung
von Heilkräutern zu informieren und leichtfertige
Therapieempfehlungen, die keiner wissenschaftlichen Prüfung standhalten und im besten Fall
wirkungslos sind, zu entlarven. Nur eine seriöse
Naturheilkunde ist dem Menschen und auch dem
Image der Naturheilkunde dienlich. Als unab-
hängige Autorin und Apothekerin fühlt sich die
Verfasserin dieses Buchs nur der Gesundheit und
dem Wohl der Menschen verpflichtet.

Herzlichst Ihre Apothekerin Dr. Angela Fetzner

Als ich ein Kind war...

Ich erinnere mich noch haargenau, als ich das erste Mal auf Maria Trebens Buch „Gesundheit aus der Apotheke Gottes" gestoßen bin - es war Anfang der Achtziger Jahre, das Büchlein lag auf dem Nachtschränkchen meiner Mutter.

Eifrig begann ich, in dem Buch zu blättern, las darin von ausweglosen und gefährlichen Krankheiten, die allesamt mit Hilfe von Heilkräutern kuriert wurden.

Schwerkranke und vom Arzt längst abgeschriebene Menschen genesen dort auf wundersame Weise, alles scheint wunderbar und doch so einfach – für jede Krankheit ist ein Kraut gewachsen, man muss nur das entsprechende, das richtige Heilkraut anwenden.

Und schon geschehen Wunder, wie man sie sonst nur von der Bibel her kennt – beispielsweise wird eine verkrüppelte Frau nicht nur in der Bibel durch Jesus geheilt, sondern eine solche auch von Maria Treben in ihrem Buch „Gesundheit aus der Apotheke Gottes".

Heilkräuter, die schon seit Jahrtausenden auf dieser Erde wachsen und gedeihen, nun allesamt von Maria Treben neu entdeckt - und diese Heilkräuter warten nur darauf, Wunder vollbringen zu dürfen und ihrem eigentlichen Zweck und ihrer ursprünglichen Verwendung zugeführt zu werden.

Heilkräuter, die alles Leid und jede Krankheit aus der Welt schaffen.

 91

Heilkräuter, die von Gott geschaffen wurden und von diesem in die Obhut Maria Trebens gegeben wurden, um der leidenden Menschheit Hilfe und Heilung zu bringen.

Die glänzende Hauptrolle spielen jedoch die Schwedenkräuter in Maria Trebens Roman – Roman? Oh, jetzt habe ich mich aber gründlich vertippt, ich meine natürlich nicht Roman, sondern Ratgeber und Erfahrungsbericht – und hier spielen sie, die Heilkräuter, ihre Rolle vortrefflich.

Denn es gibt keine Krankheit und kein Leiden, bei welchem diese nicht zu helfen und zu heilen vermögen.

Ein paar unscheinbare Kräuter, die versetzt mit Alkohol zur Höchstform auflaufen - sie durchbrechen den Teufelskreis jeder Krankheit und wirken selbst dann noch, wenn Kranke schon dem Tode geweiht sind oder zumindest so scheinen.

Alle anderen Heilmittel und vor allem die chemischen Medikamente – weg damit, ihnen kommt allenfalls noch eine Neben- oder Statistenrolle zu.

Kein Medikament kann es schließlich mit den Schwedenkräutern aufnehmen und diesen das Wasser reichen.

Und so las ich weiter, ganz in Gedanken versunken, von den schönen Schwedenkräutern, und wähnte mich dabei ganz in einem Märchenbuch – so nämlich klangen die Geschichten. Ja, ist Maria Trebens Buch denn ein Märchenbuch und ist diese eine Art Schwester Grimm oder beruhen deren Erzählungen auf wahren Begebenheiten – so fragen Sie vielleicht.

Hinterfragt habe ich Maria Trebens Erzählungen nicht, wenigstens nicht zu dieser Zeit.

Ich war ein Kind, damals, und dieses Kind las liebend gerne Märchen und wollte auch an diese glauben.

Denn wie jedes Kind vergrub ich mich mitunter gerne in einer Märchenwelt, stundenlang, ohne Gefühl für Raum und Zeit, und nur ungern ließ ich mich aus dieser Wunderwelt wecken oder herausholen.

Mit dem Wissen wachsen die Zweifel…

Und was war nachher, als ich erwachsen wurde? Das kritische Urteilsvermögen kam irgendwann, mit den Jahren.

Denn im Laufe des Lebens wird man nicht nur älter, sondern der Geist reift, geradezu wie ein guter Wein, der mit den Jahren besser und wertvoller wird.

Mit den Erfahrungen und dem Wissen, das man mit der Zeit erwirbt, wird man kritischer, hinterfragt vieles, glaubt weniges und nimmt nicht mehr alles für bare Münze.

Was die Lehre der Heilkräuter und Pflanzen betrifft – um wieder zum eigentlichen Thema zurückzukehren - kam mir natürlich mein Studium der Pharmazie zugute, in dem unter anderem alle Inhaltsstoffe und Wirkungen der Heilpflanzen ausführlichst gelehrt wurden.

Ich beim Mischen der Schwedenkräuter in der Apotheke...

Aber lassen Sie mich noch einmal einen kleinen Schritt zurück in die jüngere Vergangenheit machen:

In natura begegneten mir die Schwedenkräuter das erste Mal – ich weiß es noch wie heute – als ich ein junges Mädchen war, noch keine 20.

Während eines Praktikums in der Apotheke, zu Beginn meines Pharmaziestudiums, erhielt ich die Aufgabe, Schwedenkräuter nach Maria Treben herzustellen.

Als Schwedenkräuter wird eine bestimmte Kombination verschiedener Heilkräuter bezeichnet – dazu aber später mehr.

Ich erinnere mich, wie ich alle Bestandteile, die ich für die Herstellung benötigte, – die entsprechenden Bestandteile waren in schönen alten Blechdosen alphabetisch, natürlich mit dem jeweiligen lateinischen Namen versehen, schön in Reihe auf einem Regel geordnet – auf einen Wagen platzierte, den ich alsdann zur Rezeptur schob, wo ich die Bestandteile mischte.

Zuerst wog ich größere Mengen – ich sollte 20 Packungen Schwedenkräuter herstellen – Sennesblätter, Rhabarberwurzel, Eberwurzwurzel, Angelikawurzel, Zitwerwurzel, Manna, Aloe und Theriak ab.

Die Zutaten mischte ich feierlich, in einer riesengroßen Schüssel, mit weitausholenden Bewegungen, gleichsam einer zeremoniellen Handlung.

Zum Schluss gab ich noch die vorgeschriebenen Anteile des aromatischen Camphers, der wohlriechenden Myrrhe und des teuren Safrans dazu und sog dabei den warmen würzig-süßlichen Duft der Myrrhe und das eukalpytusähnliche Aroma des Camphers tief, ganz tief ein.

Das muss wahre Pharmazie sein, so mein Gedanke - damals.

Vorne, in der Offizin, im Verkaufsraum, dagegen drängten sich die Kunden hektisch in Reihe, um ihre Rezepte vom Arzt abzugeben, und ich stehe hier hinten und bereite die eigentliche, die ursprüngliche Arznei zu – die allesamt aus der Natur stammt.

Heilpflanzen, deren Duft schon allein, wenn nicht Heilung, doch zumindest ein angenehmes Empfinden hinterlassen musste.

Und so mischte ich alle Bestandteile nochmals und füllte dann die Mischung in Aromabeutel ab, die ich mit der Aufschrift „Schwedenkräuter nach Maria Treben" versah. Herrlich!

Meine Mutter...die „Hausärztin"

Meine Mutter hielt zu dieser Zeit – als Hausfrau und als „Hausärztin" der Familie – freilich auch den Schwedenbitter vorrätig – Schwedenbitter, das ist der Auszug der Schwedenkräuter in hochprozentigem Alkohol, sozusagen die fertige Medizin.

Wogegen oder wofür wurde der Schwedenbitter denn bei Ihnen eingesetzt, wundern Sie sich vielleicht.

Meine Mutter bereitete mit Schwedenbitter getränkte Umschläge bei harmlosen Verletzungen und Insektenstichen.

Darüber hinaus wurde der Schwedenbitter in unserer Familie – Gott sei Dank – nicht eingesetzt.

Aber auch der Schwedenbitter duftete geradezu wie die Kräuter vorzüglich, die Mischung aus Alkohol und den darin gelösten Kräutern schmeichelte der Nase ungemein – und ja, bei diesem Geruch kann ein Laie durchaus geneigt sein, an die Allmacht des Schwedenbitters zu glauben, wie sie Maria Treben uns verspricht.

Wir leben, um zu lernen...

Dann aber kam das Pharmaziestudium und mit diesem das Wissen um die Heilpflanzen und deren Inhaltsstoffe.

Und mit dem Wissen kam die Fähigkeit, Richtiges vom Falschem und Wahrheit von der Lüge zu unterscheiden – zumindest soweit es meine Fachrichtung betraf.

Wissen ist Macht, das ist ein Spruch, den man manchmal einfach so daher sagt – aber es ist ein Spruch, der so viel Wahrheit birgt.

Schwedenbitter – Hochprozentiges für ältere Damen

Wie es der Zufall wollte, blickte ich unlängst erneut auf Mamas Nachtschränkchen. Und noch immer lag dort, inzwischen leicht verstaubt, Maria Trebens Büchlein.

 96

Wiederum blätterte ich das Buch durch, wie einst vor Jahren, und ich schüttelte den Kopf angesichts zahlloser fachlich falscher Aussagen, die Maria Treben dort trifft – ohne anscheinend auch nur mit der Wimper zu zucken.

In der Zwischenzeit habe ich natürlich noch unzählige Male Schwedenkräuter und Schwedenbitter in der Apotheke über den Tresen gereicht und verkauft – auch wenn der Hype um Maria Treben mittlerweile deutlich verblasst ist und die Zahl ihrer Jünger – äh, Anhänger – deutlich gesunken ist.

Es gibt aber nach wie vor Leute – insbesondere ältere Damen – die auf Maria Treben Stein und Bein schwören und die insbesondere dem hohen Alkoholgehalt des Schwedenbitters zusprechen.

Was gibt es Besseres als etwas Hochprozentiges, das gleichzeitig gute Arznei ist und das man also bedenkenlos schlürfen darf, ohne schlechtes Gewissen? Und das man in der Apotheke holt, und nicht in der Tanke, wo doch nur Penner ihren Schnaps holen? Ich erinnere mich an Kundinnen, die Schwedenbitter buchstäblich literweise konsumierten und jeden Tag in die Apotheke kamen, um sich ihren wertvollen Nachschub zu besorgen.

Auf der anderen Seite gibt es natürlich viele Menschen – auch wieder vor allem Frauen – deren Darm sich an die abführenden Bestandteile im Schwedenbitter so gewöhnt hatte, dass deren Darm ohne Schwedenbitter in Streik tritt und nur nach Einnahme der rettenden Tropfen seine Dienste tut.

Aber dazu später mehr.

Wer ist Maria Treben?

Wie wir bereits gelesen haben, war es Maria Treben, die – wenn sie auch nicht Erfinderin der Schwedenkräuter war – diesen doch zu einer nicht für möglich gehaltenen Renaissance verholfen hat.

Doch wer genau war eigentlich Maria Treben, die sich angeblich so gut mit Heilkräutern auskannte? War sie etwa Apothekerin oder Biologin? Mitnichten!

Sie hatte weder ein entsprechendes Studium aufzuweisen noch sonstige Abschlüsse oder Zertifikate, die ihr „Wissen" um die Heilkräuter begründen würden.

So führt Maria Treben ihr „Wissen" auch auf eine höhere Macht zurück und benennt hier ganz konkret die Gottesmutter Maria.

In der Einleitung zu ihrem Buch „**Gesundheit aus der Apotheke Gottes**" schreibt sie, dass sie immer wieder gefragt werde, woher sie eigentlich ihre Kenntnisse über Heilkräuter habe.

Darauf könne sie keine präzise Antwort geben, so ihre Erwiderung. Ach ja?

Über das Leben von Maria Treben ist wenig bekannt, vieles bleibt im Dunkeln – ob diese bewusst wenig von ihrem Leben preisgab, entzieht sich allerdings meiner Kenntnis.

Auf jeden Fall wurde sie am 27.09.1907 in Saaz (Böhmen) geboren und verstarb am 26.07.1991 in Grieskirchen (Österreich).

Maria Treben war die mittlere von drei Schwestern, ihre Mutter war Hausfrau, der Vater Eigentümer einer Druckerei. Als Maria zehn Jahre alt war, starb der Vater bei einen Unfall.

Zwei Jahre später zog die Mutter mit den Töchtern nach Prag. 14 Jahre arbeitete Maria Treben in einem bürgerlichen Beruf – eine nähere Angabe über diese „bürgerliche Tätigkeit" findet man nicht. Dann heiratete sie Gottfried Ernst Treben und gab ihre Berufstätigkeit auf.

Die restliche Zeit ihres Lebens war sie Hausfrau – und während dieser Zeit schrieb sie natürlich ihre berühmten Bücher über Heilpflanzen und hielt auch viele diesbezügliche Vorträge.

Besondere Bekanntheit erlangten allerdings Maria Trebens Schwedenkräuter und der Schwedenbitter.

Heuchler sind die gefährlichsten Feinde

(Tacitus)

Was mir persönlich in Maria Trebens Büchern besonders aufstößt, ist ihre christlich frömmelnde Haltung.

Ja, war denn Maria Treben etwa nicht besonders fromm und gottesfürchtig? – so beschreibt sie sich doch in ihren Büchern.

Freilich, sie lässt keine Gelegenheit aus, sich auf Gott oder wahlweise die Gottesmutter zu berufen, sie erzählt von ihren andächtigen Gebeten vor einem alten, wunderbaren Marienbild und schwärmt ohne Unterlass von der Gnade und der Allmacht des Schöpfers.

Unwillkürlich muss ich dabei an eine Passage aus der Bibel denken:

„Und wenn du betest, sollst du nicht sein wie die Heuchler, die da gerne stehen und beten in den Schulen und an den Ecken auf den Gassen, auf daß sie von den Leuten gesehen werden. Wahrlich, ich sage euch: Sie haben ihren Lohn schon."

Matthäus 6,5

Schon sehr früh habe ich die Erkenntnis gewonnen, dass wirklich fromme Menschen ihre Gläubigkeit nicht bei jeder Gelegenheit betonen und vor sich her tragen - sie wirken eher im Stillen und Verborgenen. Nicht scheinheilig wie die Bigotten, die stets bemüht sind, ihre Gottesfürchtigkeit zu präsentieren und Eindruck nach außen zu schinden.

Aus einem ökumenischen Elternhaus stammend, mahnten mich meine Eltern bereits als Kind, dass man in Fällen allzu sehr nach außen gekehrter Frömmigkeit stets Vorsicht walten lassen müsse.

An ihren Taten sollt Ihr sie messen, nicht an ihren Worten, auch so schreibt die Bibel – Und da stellt sich mir natürlich unweigerlich die Frage, was denn Maria Treben Gutes für die Menschheit getan hat.

Sie hat doch unzählige Leute geheilt und stapelweise Briefe von dankbaren Lesern erhalten – so steht es in ihrem Buch. So lautet vielleicht Ihr Einwand.

Doch schon in ihrem Vorwort – dem aufmerksamen Leser wird es nicht entgehen - schreibt Maria Treben folgendes: *„Bitte: Rufen Sie mich weder an noch schreiben Sie mir Briefe! Als Nicht-Heilpraktikerin nehme ich auch keine Besuche an!"* (entnommen Maria Treben, „Gesundheit aus der Apotheke Gottes", S. 4) - ihre Worte sind dabei durch eine dicke, schwarze Schrift besonders hervorgehoben und mahnende Ausrufezeichen machen deutlich, wie ernst sie es mit ihrer „Warnung" meint.

Aber woher kommen dann die Berge von Briefen, die Maria Treben angeblich von dankbaren Lesern erhalten hat, und welche sie nochmal eigens in einem Buch zusammenfasst.

Und woher stammen die vielen Berichte von segensreichen Heilungen – wenn Maria Treben doch gar keine Besuche empfängt.

Ein Schelm, wer Böses dabei denkt.

Hat Maria Treben einen Teil ihrer Bucherlöse für einen guten Zweck gespendet – wie viele Autoren es tun?

Zu lesen ist davon nichts – und ich für meine Person bin der Ansicht, dass sie es gleich in die Welt hinaus geschrien hätte, wenn sie einen Teil ihrer Erlöse einer gemeinnützigen Verwendung zugeführt hätte.

Hat Maria Treben sich in einem Ehrenamt oder in der Kirche engagiert? Nichts Genaues weiß man – besser gesagt, rein gar nichts dies bezügliches ist bekannt.

Man liest nur, dass sie keine Briefe erhalten möchte…

Und vor diesem Hintergrund wirken Maria Trebens andauernde Verweise auf Gottes Gnade nur umso störender und verstörender. Sie redet so oft von Gott und Jesus, dass man es schon gar nicht mehr glauben will.

Wahlweise wird auch die Gottesmutter Maria bemüht, um einem Kräutlein einen richtig frommen Anstrich zu geben.

Frau Trebens Beschäftigung mit der Heilkunde erfährt sehr oft auch Unterstützung durch ein kleineres oder größeres Wunder, und letztlich liegt alles in Gottes Händen.

Warum der Herrgott die Krankheiten überhaupt in die Welt gesetzt hat, scheint sich Maria Treben allerdings nie gefragt zu haben.

Na ja – so wenden Sie vielleicht ein – kann man mit Jesus und der Gottesmutter heutzutage überhaupt noch bei den Lesern punkten – oder sind das nicht eher alles alte Zöpfe, an die sowieso niemand mehr glaubt und die nur noch belächelt werden.

Man muss – so meine ich – die „Gottesfürchtigkeit" und ihr ständiger Verweis darauf im Zusammenhang mit diesem Buch sehen – und da macht die „Frömmigkeit" der Autorin durchaus Sinn.

Maria Treben hat zwar kein Studium vorzuweisen – sie wird aber, so sagt sie zumindest, von einer höheren Macht gelenkt. Und zwar von der Gottesmutter, - der Helferin aller Kranken - die ihr den Weg zeigt. Den Weg zu den Heilkräutern und den Weg der Heilung.

So wirkt sie als eine Art „Medium" - oder aber bedient sie sich Gott als Instrumentarium?

Jesus und auch die Gottesmutter wären freilich sicher nicht amused, von Maria Treben zu deren „Spießgesellen" herangezogen zu werden.

Und ja, sie rückt sich tatsächlich auch in die Nähe von Jesus, wenn eine wundersame Heilung nach der anderen vollbracht wird.

Alles klingt nach Kalkül. Die Heilkräuter sind von Gott erschaffen worden und sie, Maria Treben, hat die fromme Aufgabe übermittelt bekommen, durch Gott zu wirken und den Menschen die Heilkräuter zukommen zu lassen. Man muss nur Gott vertrauen – und den Heilkräutern. Diese Aussagen treffen genau den Kern des Menschen, der auch in der heutigen Zeit eine tiefe Sehnsucht nach Heil und Geborgenheit verspürt. Der Mensch möchte vertrauen und hoffen, gerade in Zeiten schwerer Krankheit - und siehe da, als Silberstreifen am Horizont steht sie da – Maria Treben mit ihren Kräutern.

Die das Verlangen der Menschen nach natürlichen Heilmitteln bedient, nach schneller, einfacher und spontaner Genesung, dank Gottes und Maria Trebens Hilfe.

Die Frau mit dem strengen Dutt und der altmodischen Tracht. Die Kräuterfrau. Die Spezialistin, die weiß, was den Menschen fehlt: Heilkräuter in allen Varianten. Bei der der Glaube nicht nur Berge versetzt, sondern auch Krankheiten heilt.

Ein modernes Märchen, auch und vor allem für Erwachsene.

Wer Sonnenstrahlen machen will, der ist ein Quacksalber und kennt weder sich noch die Sonne

(Matthias Claudius)

Das Geschäftsmodell des Quacksalbers ist natürlich kein Novum, sondern funktioniert bereits seit Jahrtausenden.

Denn verzweifelte, kranke und sterbende Menschen gab es zu allen Zeiten, und Quacksalber und Scharlatane sind die Schmarotzer dieser Verzweifelten. Solche verzagten Menschen auszunutzen und ihnen mit leeren Versprechungen Geld aus der Tasche zu ziehen, anstatt ihnen zu helfen, ist freilich zutiefst unethisch.

Warum aber eilen Leute überhaupt zu Quacksalbern und vertrauen diesen Gesundheit und Geld an – wo sie es doch eigentlich besser wissen müssten?

Nun, der Grund ist leicht ausgemacht. Oft sind solche Scharlatane der letzte Strohhalm und der letzte Funken Hoffnung für enttäuschte, schwerkranke und bereits austherapierte Menschen.

Aus tiefer Not heraus wenden sie sich an die Heilsversprecher und klammern sich an alles, was ihnen ihre Gesundheit zurückbringen oder ihr Leben erhalten könnte.

Und in ihrer Verzweiflung sind diese Menschen leichte Opfer von Quacksalbern, die vorgeben, alle Krankheiten heilen zu können – meist mit völlig unwirksamen und veralteten, oft aber auch mit schädlichen und gefährlichen Methoden.

Im Dunstkreis des Geheimnisvollen, Göttlichen und Althergebrachten schreiten die Wundertäter auf Marktplätze und Versammlungen, oder verbreiten ihre Heilsbotschaften mittels Büchern und Vorträgen.

Viele Leute zeigen sich dem Zauber der angeblichen Wunderheiler und ihrer Wundermittel gefügig, der Klang des Magischen, Natürlichen, Geheimnisvollen und Göttlichen schmeichelt den Ohren der Verzweifelten.

Allen Quacksalbern ist dagegen das eitle Werbeschauspiel um die eigene Person gemeinsam, mit Eloquenz und geschickter Taktik lenken sie die Leute in die gewünschte Richtung und vernebeln geschickt deren Bewusstsein und Verstand. Die Opfer werden auf gewiefte Weise manipuliert und in ihrer Urteilskraft geschwächt.

Mit Unwissen oder Halbwissen gesegnet, verbreiten die Bauernfänger halbe Wahrheiten oder auch Unwahrheiten - je weniger die Leute wissen, desto einfacher ist es, sie an etwas glauben zu lassen.

Jeder Diskussion und jeder fachlicher Auseinandersetzung entziehen sich die Demagogen freilich, sie sind Feind jeder Präzision und fliehen vor klaren Aussagen. Gekonnt schalten sie jede Kritik an ihrer Person aus und ersticken diese im Keim.

Sie haben das Talent, die Massen zu bewegen, zu führen und zu verführen. Materielle Vorteile und Befriedigung ihrer Geltungssucht sind die Triebfedern ihres Handelns.

Mit den Ängsten und Beschwerden der Menschen wird auf zynische Weise Profit eingefahren. Wunder werden versprochen, Hoffnungen geweckt - die in den meisten Fällen freilich keinesfalls erfüllt werden können.

Der Geschädigte ist in jedem Fall der Patient, weil er in den meisten Fällen am Ende immer noch krank ist – auch nach der Anwendung noch so vieler Wundermittel.

Scharlatane bemühen Kalauer, sie lenken von jeder Theorie ab, ja sie verhöhnen unter dem Beifall der Menge die theoretisch fundierte Wissenschaft. Blickt man zurück in die Geschichte, trifft man auf etliche Scharlatantypen, von Eisenbarth bis Vitali. Das Phänomen ist also durchaus keines der neueren Zeit. Auch wenn die Scharlatane in einem immer wieder neuen Kleid erscheinen.

Sehr schlimm und richtig gefährlich wird Scharlatanerie, wenn das Versprechen steht, dass der Leidende von bösartigen Krankheiten geheilt werden könne.

Oder aber mit giftigen und gefährlichen Stoffen/Medikamenten/Pflanzen geworben wird, welche angeblich diverse Krankheiten kurieren können - in Wirklichkeit aber nutzlos sind und sogar starke Nebenwirkungen oder giftige Wirkungen aufweisen.

Und wer stoppt, wer bremst solche Quacksalber? Wer beendet deren schäbiges Treiben und gebietet ihnen Einhalt? Meine Antwort: leider allzu oft niemand! Und Sie, sind Sie stets gefeit gegen solche Scharlatane, wenden Sie vielleicht leicht genervt ein. Gilt bei Ihnen nur die reine Ratio oder könnten auch Sie schwach werden, wenn ein Quacksalber Sie nur entsprechend einlullen würde?

Meine Antwort: Ich weiß es nicht. Aber wenn ich Krebs hätte – wenn ich heute Krebs hätte – und der Arzt bereits den Kopf geschüttelt hätte, als ob er sagen wollte, da kann man leider nichts mehr für Sie tun.

Und stände da eine auf, just in diesem Moment, und sagte, verzagen Sie nicht, ich habe da was für Sie, das schon vielen geholfen hat. Würde nicht auch ich mich an diesen Strohhalm klammern, würde auch ich nichts unversucht lassen? Denn es ist ja die Hoffnung, die bekanntlich zuletzt stirbt.

Ende der Leseprobe

Qualität & Kompetenz
im Zeichen des Mörsers
von Ihrer Apothekerin

Dr. Angela Fetzner